DEUS: AS EVIDÊNCIAS
O reaparecimento do Sagrado

Editora Appris Ltda.
1.ª Edição - Copyright© 2020 dos autores
Direitos de Edição Reservados à Editora Appris Ltda.

Nenhuma parte desta obra poderá ser utilizada indevidamente, sem estar de acordo com a Lei n° 9.610/98. Se incorreções forem encontradas, serão de exclusiva responsabilidade de seus organizadores. Foi realizado o Depósito Legal na Fundação Biblioteca Nacional, de acordo com as Leis nos 10.994, de 14/12/2004, e 12.192, de 14/01/2010.

Catalogação na Fonte
Elaborado por: Josefina A. S. Guedes
Bibliotecária CRB 9/870

T591d
2020
	Tinoco, Carlos Alberto
	    Deus: as evidências; o reaparecimento do Sagrado /
	Carlos Alberto Tinoco. - 1. ed. – Curitiba: Appris, 2020.
	    115 p. ; 23 cm. – (Artêra).
	
	    Inclui bibliografias
	    ISBN 978-85-473-4614-0
	
	    1. Deus. 2. O Sagrado. 3. Louvor a Deus. I. Título. II. Série.
	
	                                                    CDD – 231.

Livro de acordo com a normalização técnica da ABNT

Appris
editora

Editora e Livraria Appris Ltda.
Av. Manoel Ribas, 2265 – Mercês
Curitiba/PR – CEP: 80810-002
Tel. (41) 3156 - 4731
www.editoraappris.com.br

Printed in Brazil
Impresso no Brasil

Carlos Alberto Tinoco

DEUS: AS EVIDÊNCIAS
O reaparecimento do Sagrado

FICHA TÉCNICA

EDITORIAL
Augusto V. de A. Coelho
Marli Caetano
Sara C. de Andrade Coelho

COMITÊ EDITORIAL
Andréa Barbosa Gouveia (UFPR)
Jacques de Lima Ferreira (UP)
Marilda Aparecida Behrens (PUCPR)
Ana El Achkar (UNIVERSO/RJ)
Conrado Moreira Mendes (PUC-MG)
Eliete Correia dos Santos (UEPB)
Fabiano Santos (UERJ/IESP)
Francinete Fernandes de Sousa (UEPB)
Francisco Carlos Duarte (PUCPR)
Francisco de Assis (Fiam-Faam, SP, Brasil)
Juliana Reichert Assunção Tonelli (UEL)
Maria Aparecida Barbosa (USP)
Maria Helena Zamora (PUC-Rio)
Maria Margarida de Andrade (Umack)
Roque Ismael da Costa Güllich (UFFS)
Toni Reis (UFPR)
Valdomiro de Oliveira (UFPR)
Valério Brusamolin (IFPR)

ASSESSORIA EDITORIAL
Renata Miccelli

REVISÃO
Renata Miccelli

PRODUÇÃO EDITORIAL
Lucas Andrade

DIAGRAMAÇÃO
Daniela Baumguertner

ILUSTRAÇÕES
Lucielli Mahira Trevizan

CAPA
Carlos Eduardo Pereira

COMUNICAÇÃO
Carlos Eduardo Pereira
Débora Nazário
Karla Pipolo Olegário

LIVRARIAS E EVENTOS
Estevão Misael

GERÊNCIA DE FINANÇAS
Selma Maria Fernandes do Valle

À amada Deusa Maha Lakshimi Nambudiri, a Deusa que "ditou" a Srinivasa Ramanuja, notável matemático indiano, as Séries Convergentes e Divergentes que conduziram aos estudos sobre os Buracos Negros, dedico este livro.

A Senhora tem sido a fonte da qual extraio todo o meu modesto trabalho escrito, pelo que lhe digo: "Om Maha Lakshimi Svahâ!".

Ao caríssimo Prof. Dr. Gilberto Gaertner, meu mestre espiritual, pela sua enorme compaixão pelos seres vivos, pelos muitos ensinamentos que de você recebi, pela cura a mim proporcionada, pela PAZ que recebi por meio dos seus gestos, pela amizade e sinceridade recebidas. A você, meu amigo, dedico este livro.

APRESENTAÇÃO[1]

Duas coisas me enchem o espírito de admiração e de reverência, quanto mais frequente penso nelas e me detenho: o céu estrelado acima de mim e a lei moral dentro de mim.

(Immanuel Kant)

Nos dias atuais, falar sobre Deus e sobre mistérios é algo que não tem valor algum. É como falar em um deserto para pessoas invisíveis, falar para alunos ausentes, para discípulos que se foram, ou escrever para pessoas analfabetas.

Nossa sociedade foi dessacralizada, secularizada. "Deus está morto", como proclamou Nietzsche no seu livro *Gaia Ciência*. Restou-nos, então, as ásperas tentativas da Teologia em buscar o Divino, mediante a bajulações à ciência materialista.

Como a ciência explica tudo, ou quase tudo, o mundo perdeu o encanto. Desapareceu o mágico, o mito. Não há mais lugar para o sagrado, o místico. A Engenharia Genética foi a principal responsável pelo desencanto do mundo e da vida. Antigamente, o ser humano tinha uma alma destinada ao céu, segundo o cristianismo. Hoje, a alma deu lugar aos genes. O ser humano está, dessa forma, destinado à morte.

Sobre o horror das possibilidades da Engenharia Genética, Jeremy Rifkin (1998, p. XVII) escreveu:

> Ao reprogramar o código genético, não estaríamos arriscando uma fatal interrupção em milhões e milhões de anos de evolução? A criação artificial não poderia significar o fim da vida natural? Receberemos os alienígenas num mundo povoado por clones, quimeras ou criaturas transgênicas? A criação, a produção em massa e a distribuição no atacado de formas de vida geneticamente engenheiradas causarão danos irreversíveis à biosfera, fazendo com que a poluição genética seja muito pior para a Terra do que a poluição nuclear ou petroquímica? Quais serão as consequências para a sociedade e a economia global o fato de patentes sobre seres concentrarem-se como propriedade intelectual exclusivamente nas mãos de algumas

---

[1] Alguns dos textos aqui apresentados foram baseados ou extraídos de pesquisas da internet, incluindo o site Inovação tecnológica.

poucas corporações multinacionais? Como a patente sobre formas de vida afetarão nossas profundas convicções sobre a natureza sagrada e o valor intrínseco da vida? Qual será o impacto emocional e intelectual ao crescermos num mundo onde a vida é tratada como "invenção" e "bem comercial"? Que significará ser um humano num mundo onde os bebês serão desenhados e personalizados geneticamente no útero e onde as pessoas serão identificadas, estereotipadas e discriminadas com base no seu tipo genético? Quais são os riscos de se tentar desenhar um ser humano mais perfeito?

As terríveis palavras de Rifkin refletem a dessacralização e o desencanto do mundo e da vida. Esse tempo já chegou! Com a decifração do genoma humano, tudo se faz em matéria de genética molecular. Somos oriundos do nada.

O Papa Bento XVI, que abdicou do seu pontificado no dia 11 de fevereiro de 2013, disse certa vez: "Hoje a nossa pergunta é: na época da ciência e da técnica, ainda tem sentido falar de criação? Como devemos compreender as narrações do Gênesis?" (2013 *apud* ALTEMAYER JUNIOR, 2019, p. 23).

A banalidade do materialismo e do ateísmo é o que precisamos afastar de nós. Não só precisamos de projetos financeiros, mas também, se quisermos encontrar a nossa essência, precisamos de projetos metafísicos.

Curitiba, primavera de 2019.

Carlos Alberto Tinoco

REFERÊNCIAS

BENTO XVI. Reflexões sobre o Credo. 2013. In: ALTEMAYER JUNIOR, Fernando. **Silhuetas de Deus**. Petrópolis: Vozes, 2019. p. 23.

RIFKIN, Jeremmy. **O Século da Biotecnologia**. São Paulo: Makron Books do Brasil, 1998. p. XVII.

PREFÁCIO

Foi com grata satisfação que recebi o convite de prefaciar esta obra do ilustre Prof. Dr. Carlos Alberto Tinoco, companheiro de longa data de inúmeras jornadas espirituais e autor de uma vasta e qualificada produção literária. Sua musa inspiradora, a Deusa Maha Lakshimi Nambudiri, já nos indica o caminho desta robusta reflexão a respeito do sagrado.

Como bem pontuado pelo autor, vivemos um momento existencial em que a tecnologia avança em altíssima velocidade, as relações pessoais se distanciam e o imediatismo, a superficialidade, o consumismo e a mecanicidade regem o nosso comportamento.

Voltar o olhar para o sagrado, para a divindade, para a ritualização é uma retomada de consciência e uma forma de reumanizar a sociedade em que vivemos e que segue orientada pelo cientificismo e pela superficialidade advinda de ideias religiosas em grande parte diluídas e mercantilizadas.

A viagem ao logo desta obra, que inicia pelo big bang, passa pela matéria e energia escura, o princípio antrópico e o design inteligente, o processo evolutivo e finalmente discute os possíveis elos de interação entre ciência e religião. Apresenta e provoca muitas reflexões e questionamentos a respeito do ser humano e a busca continuada em compreender o sentido mais amplo desta nossa aventura existencial.

O autor apresenta o estudo da consciência como um possível ponto de convergência entre a espiritualidade e a ciência. Neste campo as fronteiras se aproximam e muitas das divergências epistemológicas se estreitam. A complexidade do tema, impõem uma visão sistêmica não excludente e o desafio de se visitar fronteiras ainda desconhecidas.

Um dos caminhos de acesso a consciência é a tradição meditativa em suas diversas vertentes. As variadas experiências de expansão de consciência possibilitam uma forma direta de conexão com o sagrado.

É de bom alvitre considerar que o conhecimento científico é fundamental para o desenvolvimento da humanidade. As neurociências por exemplo, tem contribuído para o conhecimento aprofundado e detalhado do funcionamento cerebral. Nesta direção as técnicas de imageamento cerebral possibilitam confirmar as alterações na estrutura e na funcionalidade do cérebro advindas da prática continuada de técnicas meditativas, bem como localizar as regiões do cérebro que são ativadas nas diversas experiências místicas, de expansão de consciência ou quando a mente foca em um sentimento específico como a compaixão.

Dentro do campo científico, uma quebra de paradigma, são as metodologias de primeira pessoa propostas pela ciência cognitiva (VARELLA; THOMSON; LUTZ, 1992), que trazem a luz o relato da experiência intrínsica. Este método alude a "percepção interna" utilizada por Wilhelm Wundt no primeiro laboratório de psicologia científica, na Universidade de Leipzig (Alemanha) no final do século XVIII. Complementando este pensamento Santaella (2003) afirma que esta mudança pode ser vista a partir da comparação entre a primeira e a segunda onda cibernética, na primeira o observador era uma entidade separada do observado, já na segunda onda estes não estão separados.

As expressões do sagrado acompanham a história da humanidade ao redor do planeta, nas mais diversas culturas, como bem descreve Joseph Campbell em sua consagrada obra "As Máscaras de Deus". Campbell acrescenta a necessidade dos mitos e da espiritualidade como essenciais a vida humana e descreve o mito como sendo um sonho coletivo. Os mitos dão sabor e temperam a existência humana.

Em tempos de inteligência artificial, pós-humanismo e transumanismo, onde o ser humano vai sendo moldado e transformado pela alta tecnologia, seria criar uma aridez existencial muito grande apartá-lo do sagrado e dos mitos. Em tempos materialistas e tecnológicos a esperança na manutenção da magia existencial e na humanização são justamente os mitos e a espiritualidade.

Cabe observar que por conta deste quadro de cientismo temos um veio de esperança quando observamos nas formações acadêmicas de base exata e tecnológica a valorização dos soft skills (habilidades relacionais) e nas escolas de medicina e psicologia a introdução de estudos a respeito da espiritualidade.

Concluo com uma frase do famoso mestre espiritual Ram Dass, na qual citando o pensamento da Índia pontua que "DEUS, o GURU e o SELF são UMA COISA SÓ".

Convido a seguir o leitor a mergulhar e degustar a presente obra com o desejo que lhe despertem muitas reflexões e indagações a respeito de um tema humano tão fundamental.

Dr. Gilberto Gaertner
Curitiba, 06 de Janeiro de 2020

SUMÁRIO

I
UMA NOITE ESTRELADA..15

II
O BIG BANG...17

III
ASSIMETRIA BARIÔNICA..21

IV
MATÉRIA ESCURA E ENERGIA ESCURA...25

V
NOVOS DADOS SOBRE A MATÉRIA ESCURA, A ENERGIA ESCURA E A
EXPANSÃO DO UNIVERSO..31

VI
O PRINCÍPIO ANTRÓPICO E A SINTONIA FINA DO UNIVERSO..........37

VII
O DISIGN INTELIGENTE..45

VIII
CRIACIONISMO..49

IX
CRIACIONISMO HINDU...55

X
OUTRAS FORMAS DE CRIACIONISMO..61

XI
EXPLOSÃO CAMBRIANA...69

XII
ELOS QUE FALTAM..79

XIII
COMO APROXIMAR A CIÊNCIA DA RELIGIÃO 89

XIV
CONCLUSÕES..109

I

UMA NOITE ESTRELADA

Minha condição humana me fascina. Conheço o limite de minha existência e ignoro por que estou nesta terra, mas às vezes o pressinto. Pela experiência cotidiana, concreta e intuitiva, eu me descubro vivo para alguns homens, porque o sorriso e a felicidade deles me condicionam inteiramente, mas ainda para outros que, por acaso, descobri terem emoções semelhantes às minhas.

(Albert Einstein)

Residi em Manaus por 28 anos seguidos. Lá, fiz amigos muito queridos. Citá-los é uma tarefa que está fora do escopo deste pequeno livro. Mas, citarei apenas um – e logo você, leitor, saberá o motivo.

Dentre esses amigos, havia um engenheiro eletrônico, o Raimundo Gouveia de Sá. Por volta das décadas de 1970 e 1980, ele estava conversando com o seu filho mais velho na frente da casa na qual moravam. Era noite, uma bela noite cheia de estrelas. O céu estava quase sem nuvens e as estrelas eram bem visíveis. A conversa seguia animada quando, de repente, o filho apontou o indicador para o céu e, olhando para o alto, perguntou ao seu pai:

– Pai, o que é aquilo?

Diante da pergunta, meu amigo permaneceu em um prolongado silêncio. Olhou para o céu e ficou mudo, sem saber o que responder.

Essa atitude do filho do Raimundo Sá é aquela de tornar-se abismado com a beleza que viu no céu noturno de Manaus. Abismar-se diante da beleza da criação foi o que sempre gerou a sensação de mistério, a sensação de impotência para encontrar respostas claras para o porquê de tudo existir, ao invés do nada. Do abismar-se nasceu a Filosofia, a Ciência e a Religião. Abismar-se com o céu, com a morte, com o nascimento, com o amor! Abismar-se é perceber o mistério que há em tudo. Abismar-se é sentir o assombro, é perceber a presença de algo sagrado. Foi o que aconteceu com o filho do engenheiro Raimundo Sá naquela noite, segundo me foi relatado por ele. Todas as pessoas que trabalham com a Arte e, algumas vezes, com a Ciência e com a Religião sentem esse assombro, esse mistério insondável que há em toda a natureza.

No seu livro, *Como Vejo o Mundo*, Albert Einstein escreveu:

> O mistério da vida me causa a mais forte emoção. É o sentimento que suscita a beleza e a verdade, cria a arte e a ciência. Se alguém não conhece esta sensação ou não pode mais experimentar espanto ou surpresa, já é um morto – vivo e seus olhos se cegaram. Aureolada pelo temor, é a realidade secreta do mistério que constitui também a religião. Homens reconhecem então algo de impenetrável a suas inteligências, conhecem porém as manifestações desta ordem suprema e da Beleza inalterável. Homens se confessam limitados e seu espírito não pode apreender essa perfeição. E este conhecimento e esta confissão tomam o nome de religião. Deste modo, mas somente deste modo, sou profundamente religioso. (EINSTEIN, 1981, p. 12).

Mais adiante, na página 23, continua Einstein (1981, p. 45): "O espírito científico, fortemente armado com seu método, não existe sem a religiosidade cósmica". Einstein dizia que "a ciência sem religião é manca".

A observação do céu estrelado remonta à mais remota antiguidade. Certamente o homem das cavernas também se abismava com as estrelas. Nos seus habitats, foram encontrados vestígios de atitudes religiosas, destacando-se o ato de sepultar os mortos e ingerir substâncias psicoativas para entrar em transe, ou seja, para ter Experiências Religiosas.

REFERÊNCIAS

EINSTEIN, Albert. **Como Vejo o Mundo**. Rio de Janeiro: Nova Fronteira, 1981.

JAMMER, Max. **Einstein e a Religião**. Rio de Janeiro: Contraponto, 2000. p. 45.

II

O BIG BANG

O tempo presente e o tempo passado
Estão ambos talvez presentes no tempo futuro
E o tempo futuro contido no tempo passado.
Se todo o tempo é eternamente presente
Todo tempo é irredimível.
O que poderia ter sido é uma abstração
Que permanece, perpétua possibilidade
Num mundo apenas de especulação.
(Thomas Stearns Eliot)

Como se sabe, a Teoria do Big Bang é a mais aceita nos dias atuais para explicar a origem do Cosmo e, portanto, de tudo o que existe. Credita-se a Edwin Hubble a descoberta astronômica para o fato de o Universo estar se expandindo. Ele realizou as primeiras medições das distâncias das galáxias em 1929. No entanto, em 1912, o astrônomo norte americano Vesto Slipher, do observatório do Arizona, estudou as raias espectrais das galáxias, descobrindo que estas, na sua maior parte, apresentavam desvios para a região vermelha do espectro eletromagnético, devido ao chamado "Efeito Doppler", provocado pelo afastamento das galáxias em relação à Via Láctea. Slipher calculou que as galáxias afastam-se de nós, em termos de velocidade, centenas de quilômetros por segundo. No entanto, a prova definitiva desse fato foi encontrada com as medidas das estrelas conhecidas por "Variáveis Cefeidas", realizada por Hubble.

Uma Cefeida é uma estrela amarela gigante ou supergigante, sendo de 4 a 15 vezes mais massiva e de 100 a 30.000 vezes mais brilhante que o nosso sol. A luminosidade desse tipo de estrela varia entre 0,1 e 2 magnitudes em um período de 1 a 100 dias. Trata-se de uma estrela variável e pulsante que tem um importante papel na determinação das distâncias entre as galáxias.

A partir do instante em que se conhece o período de uma Cefeida, a relação período-luminosidade leva à determinação da sua Luminosidade Intrínseca, que, se comparada à sua Aparente, torna o cálculo de sua distância possível, ficando, assim, determinada a distância da galáxia onde a estrela se encontra em relação à Via Láctea.[2]

Durante vários anos, Hubble usou o telescópio do Observatório Monte Wilson (Los Angeles, CA) de 2,5 metros de diâmetro, para localizar as Cefeidas em algumas das galáxias mais brilhantes. Em 1924, Hubble conseguiu demonstrar que as galáxias eram sistemas independentes, localizadas a milhões de anos luz da nossa galáxia.

Em 1922, o astrofísico russo Alexandre Friedmann forneceu uma solução às equações da Teoria da Relatividade Geral, de Einstein, indicando que, caso o espaço estivesse em expansão, elas também seriam válidas. Mas o seu trabalho foi ignorado por boa parte da comunidade científica.

Em 1927, o astrofísico e padre belga George Lemaître, trabalhando com a Relatividade Geral, chegou às mesmas conclusões de Friedmann, previu que todas as galáxias estão se afastando uma das outras e, quanto mais longe se encontram, mais rápido se movem em relação à Via Láctea.

George Lemaître[3]

---

[2] A Luminosidade Intrínseca de uma estrela é a quantidade de energia, em Watts (W), que ela irradia na unidade de tempo, comparada à do sol (de $3,827 \times 10^{26}$ W). É uma constante e independe da distância. Já a Luminosidade Aparente está relacionada à lei do inverso do quadrado da distância e à atmosfera da Terra.

[3] https://fr.wikipedia.org/wiki/Georges_Lema%C3%AEtre

Deus: as evidências - O reaparecimento do Sagrado

Ao que tudo indica, os trabalhos de Friedmann e Lemaître não influenciaram as pesquisas de Hubble. Com as suas investigações, o astrônomo descobriu uma relação entre a velocidade das galáxias e as suas respectivas distâncias em relação à Via Láctea. Essa relação ficou conhecida como "Constante de Hubble" (H_0) e o seu valor situa-se entre 50 e 100 km/s.

Se o Universo está se expandindo como um todo, isso confirma o que foi predito por Lemaître e Friedmann. O Universo teria se originado da explosão do que Lemaître denominou como "átomo primevo", muito quente. Essa concepção foi a precursora da moderna Teoria do Big Bang.

Hubble superestimou a taxa, ou o desvio, para o vermelho com a distância das galáxias à Via Láctea. Ele calculou que os desvios para o vermelho eram provocados pelo Efeito Doppler e, assim, as galáxias deveriam estar se afastando com uma velocidade de 500 km/s da Via Láctea. Como em um filme rodado de trás para frente no tempo, seria possível saber se todas as galáxias coincidiriam no mesmo lugar do espaço – o átomo primevo de Lemaître, há, apenas, dois bilhões de anos. Como esse tempo era menor que a idade da Terra, esta estimada em 4,66 bilhões de anos, Hubble desconsiderou a explicação do Efeito Doppler, em favor de outras hipóteses, como por exemplo, a da "Luz Cansada", que afirma que a luz era cada vez mais desviada para o vermelho a maiores distâncias em virtude de outros efeitos.

Em 1940, Hermann Bondi, Thomas Gold e Fred Hoyler publicaram artigos nos quais aprovavam a ideia de um "Universo Estacionário", no qual a matéria seria continuadamente criada de modo a manter constante a sua densidade. Em 1948, os astrofísicos Robert Hermann e Ralph Alpher estimaram que o "átomo primevo", de Lemaître, teria, ao explodir, produzido uma radiação subsequente passível de ser detectada. Essa "radiação cósmica de fundo" em micro ondas seria a radiação fóssil do Big Bang, um resíduo encontrado em todo o espaço cósmico. Em 1964, Robert Wilson e Arno Penzias descobriram acidentalmente essa radiação fóssil, uma forte evidência em favor da Teoria do Big Bang. Essa radiação tem uma temperatura, calculada e confirmada pela descoberta, de 2,725° Kelvin (K) e foi gerada em uma época na qual o Universo era quente e denso, 380 mil anos após o Big Bang. Penzias e Wilson receberam o Prêmio Nobel de Física em 1978.

A presença da radiação de micro ondas não prova a Teoria do Big Bang. O maior erro desta teoria é estimar um valor errado para as dimensões das galáxias, sendo que este é um engano muito grande. Mas a Teoria do Big Bang não é a única que versa sobre a origem do Universo. Porém, para não abandonar essa teoria, ela foi alterada pela hipótese do "Universo Inflacionário", proposta por Allan Guth, ao serem introduzidas algumas irregularidades na matéria primordial, na época anterior ao da origem das galáxias. A maioria dos físicos e astrofísicos integrantes da comunidade científica pensa que é melhor continuar com essa Teoria do que ficar sem nenhuma que explique, física e astronomicamente a origem do universo.

As equações da Física são capazes de descrever o Big Bang até 10^{-43} segundos após a origem do Universo. As referidas equações não podem dizer o que aconteceu no instante inicial do Cosmo (t = 0). Mas... o que ocorreu antes? A ciência, não sabendo o que houve na origem, parece incapaz de descrever ou até mesmo imaginar como foi esse instante inicial. Além desse tempo, retrocedendo aos primórdios, a ciência esbarra no "Limite de Planck", assim chamado em homenagem ao físico alemão Max Planck, a primeira pessoa a apontar que a ciência é incapaz de explicar o comportamento dos átomos sob condições nas quais a força da gravidade se torna extrema. As equações da Relatividade Geral apresentam descontinuidades quando tentam explicar o mundo subatômico.

A Teoria do Big Bang foi proposta pelo físico soviético e norte americano George Gamow, em 1947, com base em um modelo relativístico do Universo em expansão usando cálculos feitos a 20 atrás, por Geoge Lemaitre, Friedmann, Tolman, Wolker e Robertson. Gamow propôs um início para o Universo que, em sua perspectiva, possuía uma elevada temperatura e uma enorme densidade.

O que aconteceu no início do Big Bang? O que teria feito esse "átomo primevo" explodir? Como entender que do "nada" apareceu a matéria, o tempo, o espaço, as massas, a energia? Houve um agente externo que atuou no início do Big Bang? Este seria Deus?

III

ASSIMETRIA BARIÔNICA

> *Que há de errado em explicar algo como tendo sido planejado por um agente inteligente? Com certeza todos os dias explicamos muitas ocorrências apelando para o design.*
>
> (William A. Dembiski)

Voltemos resumidamente ao Big Bang. Estima-se o Universo tem 13,5 bilhões de anos. Em 10^{-43} segundos após o início misterioso, o Cosmos inteiro estaria contido em uma diminuta esfera de 10^{-33} centímetros de diâmetro, muitíssimo menor do que o diâmetro do núcleo de um átomo (10^{-13} centímetros)!

A densidade e o calor desse Universo inicial alcançava grandezas que a mente humana não consegue apreender. Nesse momento, a temperatura seria de 10^{32} graus! Além desse limite, as leis básicas da Física não funcionam. A energia desse Universo bebê é monstruosa. A matéria seria formada por uma "sopa" de partículas primitivas, que teriam originado os quarks. Nesse estágio, as quatro forças fundamentais do Universo (gravitação, eletromagnetismo, força fraca e força nuclear forte) ainda estavam indiferenciadas, existindo apenas uma força universal. Os eventos aconteciam em ritmo alucinante, de modo que aconteceram mais fatos nesses bilionésimos segundos do que nos bilhões de anos seguintes.

Grande parte do conhecimento humano sobre o Big Bang é oriundo de experimentos feitos com aceleradores de partículas subatômicas, nos quais se simula o que teria acontecido no Universo primordial. Esses aceleradores são máquinas enormes que usam imãs poderosos para acelerar as partículas até que elas alcancem, aproximadamente, a velocidade da luz. Feixes dessas partículas são acelerados uns contra os outros, provocando colisões entre elas. Estes choques são monitorados e os resultados são sempre surpreendentes. Para isso, usa-se, por exemplo, o Grande Colisor de Hárdrons (Large Hardron Coliser – LHC), localizado na Suíça. Após as colisões, a matéria (partículas aceleradas) transforma-se em energia pura que, depois, condensa-se de volta em chuva de partículas com massas e propriedades diferentes.

Figura 1 – Interior do Grande Colisor de Hárdrons

Fonte: https://revistagalileu.globo.com/Ciencia/noticia/2014/04/grande-colisor-de-hadrons-confirma-existencia-de-hadrons-exoticos.html

É desse modo que os físicos estudam a estrutura íntima da matéria. Ficam sabendo que partículas relativamente pesadas, chamadas quarks, só formam-se em temperaturas elevadas. No primeiro milionésimo de segundo, após a origem do Big Bang, esses tipos de partículas apareceram. Depois, elas se reuniram em tripletos, cuja descrição foge ao escopo deste livro.

A nucleossíntese do Big Bang é o período durante o qual se formaram elementos químicos leves, como o hidrogênio e o seu isótopo deutério, o hélio, o isótopo de lítio e o berilo. Partículas léptons, mais leves (elétrons principalmente), continuaram a surgir, até quando o Cosmo tinha 10 segundos de existência.

Há um mistério na cosmologia ainda não explicado: não há nada nas leis da Física capaz de explicar o porquê, durante o período inicial do

Deus: as evidências – O reaparecimento do Sagrado

Big Bang, formaram-se mais partículas (matéria) que antipartículas (antimatéria). Quando matéria e antimatéria se juntam, aniquilam-se, fazendo surgir luz (fótons). As leis da Física dizem que nessa fase inicial deveriam ter se formado quantidades iguais de matéria e antimatéria. Mas não foi isso que aconteceu, uma vez que, se isso tivesse acontecido, o Cosmo atual não existiria! O excesso de partículas subatômicas formadas no Big Bang é da ordem de 10^{80}. Os cálculos apontam que as partículas de matéria superavam as antipartículas em uma proporção de "um bilhão mais um"[4]. Essa pequena diferença, esse "saldo" de partículas, originou o Cosmo como hoje o conhecemos. Em síntese, as leis da Física deixaram, nesse caso, de funcionar! Esse processo é chamado de "bariogênese". Algum caminho desconhecido seguido pela bariogênese garantiu que houvesse, no final desse processo de geração de partículas e de antipartículas, um saldo muito pequeno de matéria normal. Isso se deve pela presença preponderante de matéria que antimatéria no nosso atual universo.

Uma possível explicação para esse fato foi publicada na revista *Physical Review Letters* em fevereiro de 2015. Neste exemplar da revista, há um artigo sugerindo que a bariogênese teria acontecido em virtude do "Campo de Higgs", gerado pelo Bóson de Higgs, partícula que tem sua existência questionada. O Bóson de Higgs teria sido descoberto no LHC em 14 de março de 2013. Essa hipótese requer a presença de uma outra partícula, a "Férmion de Marojana" ou neutrino de Marojana, uma partícula hipotética. O bóson de Higgs, também conhecido por "partícula de Deus", teria a função de conferir massa às demais partículas. Ele teria aparecido logo após o Big Bang.

Segundo as leis da Física, no início do Big Bang, deveriam ter se formado quantidades iguais de matéria e de antimatéria. Mas, como foi observado acima, não foi isso o que aconteceu. Formou-se muito mais matéria que antimatéria, o que deu origem ao universo atual. Isso representa que as "Leis da Física" deixaram de funcionar.

Por que as "Leis da Física" deixaram de funcionar para que o nosso universo existisse? Teria existido algum "Agente" metafísico que provocou esse fato citado? Seria esse "Agente", Deus?

---

[4] A antimatéria é a extensão do conceito de antipartícula da matéria: a antimatéria é composta das antipartículas do mesmo modo que a matéria normal é composta por partículas subatômicas.

IV

MATÉRIA ESCURA E ENERGIA ESCURA

> *Hoje a nossa pergunta é: na época da ciência e da técnica, ainda tem sentido falar de criação? Como devemos compreender as narrações do Gênesis? A Bíblia não quer ser um manual de ciências naturais, ao contrário, deseja compreender a verdade autêntica e profunda da realidade. A verdade fundamental que as narrações do Gênesis nos revelam é que o mundo não é um conjunto de forças contrastantes entre si, mas tem sua origem e sua estabilidade no Logos, na Razão eterna de Deus, que continua a sustentar o Universo. Existe um desígnio sobre o mundo que nasce desta Razão, do Espírito criador. Julgar que isto está na base de tudo ilumina todos os aspectos da existência e infunde coragem de enfrentar a aventura da vida com confiança e esperança. Portanto, a Escritura diz-nos que a origem do ser, do mundo, a nossa origem não é o irracional, mas a razão, o amor e a liberdade. Por isso, a alternativa: ou prioridade do irracional, da necessidade, ou a prioridade da razão, da liberdade e do amor. Nós cremos nesta última posição.*
>
> *(Bento XVI)*

Toda a massa do Universo, composta por galáxias, estrelas, nebulosas, nuvens de gás, planetas, asteroides, cometas e satélites, representa apenas 0,27% do total de tudo o que existe no Cosmo. O restante, 99,73%, foi denominado "Matéria Escura" e "Energia Escura".

Sabe-se que existem dois tipos de Matéria Escura: a) Matéria Escura Exótica, formada por neutrinos, áxions e outras partículas subatômicas. Os áxions seriam partículas hipotéticas que se movem lentamente, possuem pouca massa, não contam com carga e apenas interagem fracamente com a matéria comum, o que significa que elas não seriam muito fáceis de se detectar. No entanto, alguns físicos acreditam que se sua existência for confirmada, os áxions, com uma massa específica, poderiam explicar a natureza invisível da matéria escura, pois, se eles fossem um pouco mais leves ou mais pesados, nós poderíamos detectá-los. Além disso, se essas partículas existirem mesmo, elas seriam capazes de se degradar em pares de fótons, e os físicos poderiam focar sua busca nesses pares de partículas de luz para confirmar sua presença. Esse tipo de Matéria Escura pode ou não interagir com a luz (fótons) e não emite luz capaz de ser detectada; b) Matéria Escura Ordinária, é formada por bárions (prótons e nêutrons) e elétrons. Esse tipo de Matéria Escura é capaz de interagir com a luz. Mas esse tipo existe apenas em quantidade muito escassa, não emitindo luz capaz de ser detectada.

Como a Matéria Escura não pode ser observada diretamente, os astrofísicos conseguiram detectá-la por meio da influência gravitacional em relação à matéria que emite luz. Esse método, chamado de "lente gravitacional", foi usado por cientistas que determinaram que cada uma das galáxias do Universo está envolta por halos de Matéria Escura, que exercem papel importante em sua manutenção. Algumas das características desses halos, como tamanho, massas e formatos, estariam compreendidas em determinadas faixas específicas que possibilitam o aparecimento de vida complexa na nossa Via Láctea. A referida Matéria Escura também pode ser observada estudando-se as velocidades de rotação das galáxias em torno dos seus respectivos eixos.

Um dos maiores enigmas da astrofísica é a fonte gravitacional invisível da Matéria Escura. A sua existência é um verdadeiro desafio à ciência. Os astrofísicos também estão tentando responder a um questionamento intrigante: quando surgiu a Matéria Escura, e como ?. Novas pesquisas sugerem que ela teria aparecido antes do Big Bang!

Publicado na conceituada revista *Physical Review Letters* em 7 de agosto de 2019, o artigo de autoria do físico finlandês Tommi Tenkanen aponta para essa resposta, afirmando que há um modo de se testar a sua hipótese. Caso isso se torne possível, pode-se compreender melhor a origem do Universo.

Um dos grandes enigmas da astrofísica é que a Matéria Escura é capaz de interagir gravitacionalmente com outros corpos celestes. Dessa forma, foi possível perceber que essa fonte de gravidade atua também nas estrelas localizadas nas bordas das galáxias, fazendo-as se moverem mais rapidamente do que deveriam. A Matéria Escura responde pela manutenção dos grupos de galáxias aglomeradas em movimento e, da maneira como são observados atualmente.

Em seu artigo, Tenkanem demonstrou que a Matéria Escura pode ter surgido antes do Big Bang. Mas isso não significa que ela é mais antiga que o Cosmo. Ainda não existe unanimidade sobre essa opinião. Há um grupo de astrofísicos que considera o Big Bang como a situação do Universo, logo após um evento cósmico chamado "Inflação Cósmica".

A inflação cósmica seria o instante em que o Universo inflou-se de modo muito rápido, com uma energia colossal, justamente naquela fração de segundo (10^{-43} segundos) após o Big Bang, quando o Cosmo se expandiu dando origem a tudo, incluindo a Matéria Escura. Entretanto, na teoria dessa outra vertente astrofísica, a inflação cósmica teria acontecido antes do Big Bang. A inflação teria ocorrido, portanto, anterior a isso, quando tudo era bastante diferente do que observamos atualmente e as regras eram outras.

Mais misteriosa que a Matéria Escura, a "Energia Escura", cuja densidade de energia é aproximadamente igual a 70% da do Cosmo ($\mu = dE/dV = 0,7$ da Energia Total) e, foi detectada pela primeira vez no ano de 1999 e, a partir dessa data, os astrofísicos empenharam-se para compreender essa estranha Energia. Fazendo uso das ferramentas da física, os cientistas determinaram que há uma distribuição uniforme de Energia Escura no Cosmo. Um fato estranho é que essa Energia produz uma gravitação negativa, tendendo a expandir o Universo à medida em que o tempo passa. Quanto mais o Cosmo se expande, mais intensa a Energia Escura se torna, aumentando suas dimensões. Esse fenômeno só foi observado em uma época relativamente recente, representando um papel muito importante no entendimento do Big Bang.

Até hoje, em 2020, a Energia Escura cria a evidência de que pode ser medida em favor da ideia de que existe algo sobrenatural e intencional atuando no Cosmo. Como disse Hugh Ross (2018, p. 472): "Para que a Energia Escura impulsione a expansão cósmica na velocidade correta para que as estrelas e os planetas se formem no lugar correto para a vida sofisticada, ela deve ser ajustada em um grau que exceda, de longe, os melhores exemplos conhecidos de criatividade e projeto humanos".

Vejamos experimentos mais recentes sobre a Matéria e a Energia Escura retratados no Site Inovação Tecnológica em setembro de 2019:

"A Energia Escura é o nome dado a uma força desconhecida que está causando a aceleração da expansão do Universo. Uma das teorias mais fortes para explicar essa energia é uma 'quinta força' que atuaria sobre a matéria, além das quatro forças já conhecidas: gravitacional, eletromagnética e nucleares forte e fraca.

Como os físicos acreditam que essa quinta força pode ser 'filtrada' ou 'oculta' por objetos grandes, como planetas ou mesmo ou mesmo a própria Terra, uma equipe do Imperial College de Londres e da Universidade de Nottingham, no Reino Unido, idealizaram um experimento para testar a existência da quinta força conforme ela agisse sobre átomos.

EXPERIMENTO DA QUINTA FORÇA

A equipe usou um interferômetro atômico para testar se havia alguma força extra atuando em um único átomo. Uma esfera de metal do tamanho de uma bola de gude foi colocada em uma câmara de vácuo e átomos foram soltos para cair livremente dentro da câmara."

Alguns físicos defendem que a aceleração da expansão do Universo pode dispensar a Energia Escura, enquanto outros apostam que a matéria com massa negativa pode unificar Matéria e Energia Escuras. "*A ideia é que, se houvesse uma quinta força atuando entre a esfera e o átomo, o caminho do átomo deveria se desviar levemente à medida que passasse pela esfera. No entanto, os átomos caíram exatamente como deveriam ter caído com base apenas nas forças conhecidas. Vale dizer, a quinta força não foi encontrada.*

Esse resultado descarta as teorias mais populares da Energia Escura, que modificam a teoria da gravidade, e deixa menos lugares para se procurar por essa quinta força – há outras pistas, seguindo outros caminhos, como uma estranha partícula chamada bóson X protofóbico. 'Este experimento, conectando física atômica e cosmologia, nos permitiu descartar uma ampla classe de modelos que foram propostos para explicar a natureza da Energia Escura e nos permitirá restringir muitos mais modelos de Energia Escura', disse o professor Edmund Copeland." (INOVAÇÃO TECNOLÓGICA, 2019, s/p).

Figura 2 – Experimento para testar a existência de uma quinta força que poderia explicar a energia escura

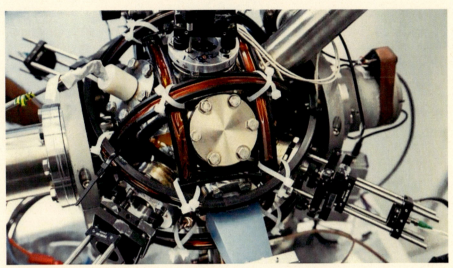

Fonte: ICL

O estágio de ajuste fino na localização típica da Matéria Escura poderia ser outra evidência sensacional em favor da concepção da existência de um projeto divino para o Universo. Há poucos astrofísicos que admitem que é em virtude da Energia Escura que o Cosmo aponta para Deus!

REFERÊNCIAS

INOVAÇÃO TECNOLÓGICA. **Experimento não encontra quinta força e mantém mistério da energia escura**. Disponível em: https://www.inovacaotecnologica.com.br/noticias/noticia.php?artigo=experimento-nao-encontra-quinta-forca-mantem-misterio-energia-escura&id=010130190903#.Xddc1y3Ookg.

ROSS, Hugh. **Dicionário de Cristianismo e Ciência**. Rio de Janeiro: Thomas Nelson, 2018. p. 472.

V

NOVOS DADOS SOBRE A MATÉRIA ESCURA, A ENERGIA ESCURA E A EXPANSÃO DO UNIVERSO[5]

> *Vasto e envolvente como a Matéria, mas ardente e íntimo como uma alma, Deus é o Centro difundido por toda parte, cuja imensidade se deve a um excesso de concentração, cuja opulenta simplicidade sintetiza um paroxismo de virtudes acumuladas. Oh! a alegria inefável de se sentir invadido, absorvido, sem fim e sem limites, por um Infinito, não difuso e incolor, mas vivo e luminoso, que conhece, que atrai, que ama!*
>
> (Pierre Teilhard Chardin)

Figura 3 – O Universo

Fonte: ilustrado por Lucielli Trevizan

---

[5] Capítulo baseado na redação do site Inovação Tecnológica publicada em 1 de novembro de 2016. Disponível em: https://www.inovacaotecnologica.com.br/noticias/noticia.php?artigo=duvidas-sobre-aceleracao-expansao-universo&id=010130161101#.Xddh9C3Oo1I. Acesso em: 18 set. 2017.

As dúvidas sobre a aceleração da expansão do Universo são crescentes, há, também, questionamentos sobre a idade do Universo e sobre se o Big Bang realmente ocorreu.

DÚVIDAS SOBRE O LADO ESCURO DO UNIVERSO

Embora seja largamente aceita pela comunidade científica, a ideia de que o Universo está se expandindo e de que essa expansão está se acelerando, tem sido objeto de dúvida por parte de um número crescente de pesquisadores. A questão fundamental é: o que impulsiona a expansão e, por sua vez, a aceleração dessa expansão do Universo?

O modelo padrão da física de partículas chama essas "causas" de Matéria e Energia Escuras, mas todas as tentativas de detectar sinais da existência de ambas falharam até agora. A Teoria do Modelo Padrão da Física de Partículas descreve as forças fundamentais – forte, fraca e eletromagnética –, bem como as partículas fundamentais que constituem toda a matéria. Desenvolvida entre os anos 1970 e 1973, é uma teoria quântica de campos, consistente com a mecânica quântica e a relatividade especial. Para demonstrar sua importância, quase todos os testes experimentais das três forças descritas pelo Modelo Padrão concordaram com as suas predições. Entretanto o Modelo Padrão não é uma teoria completa das interações fundamentais, principalmente porque não descreve a gravidade.

ESPAÇO FLUTUANTE

A equipe abordou a questão da expansão do Universo encarando uma incompatibilidade entre duas das mais bem-sucedidas teorias que explicam o funcionamento do nosso universo: a Mecânica Quântica, nas dimensões microscópicas, e a Teoria da Relatividade Geral, de Einstein, nas dimensões cósmicas. Os resultados sugerem que, se déssemos um zoom poderoso o suficiente no Universo, perceberíamos que ele é composto por um espaço e um tempo que "flutuam" constantemente – o espaço-tempo alonga-se e se encolhe o tempo todo. "O espaço-tempo não é tão estático quanto parece, ele está constantemente em movimento", explicou Qingdi Wang. "Esta é uma nova ideia em um campo onde não tem havido muitas novas ideias para tentar abordar esta questão", acrescentou seu colega Bill Unruh.

Deus: as evidências - O reaparecimento do Sagrado

ENERGIA DO VÁCUO

Quando os dados começaram a indicar que o Universo está em uma expansão acelerada – isso ocorreu em 1998 – os astrônomos e físicos sugeriram que o espaço não é vazio, ao contrário, está repleto de uma energia que empurra a matéria – a famosa Energia Escura.

O candidato mais natural para compor a Energia Escura é a energia do vácuo. Contudo, quando os físicos aplicam a teoria da mecânica quântica à energia do vácuo, ela prevê que a energia de vácuo tem uma densidade incrivelmente elevada, muito mais do que a energia total de todas as partículas de matéria no Universo. Se isso for verdade, a teoria da relatividade geral sugere que essa energia do vácuo teria um efeito gravitacional descomunal – a maioria dos físicos acredita que os resultados indicam que o Universo deveria simplesmente explodir, e não meramente acelerar. Felizmente, a explosão não aconteceu, e o Universo parece se expandir bem devagar. Logo, a Teoria da Expansão Acelerada não está completa, e há um problema que deve ser resolvido para a física fundamental progredir.

EXPANSÃO LÍQUIDA

Ao contrário das tentativas anteriores, que se concentraram em modificar as teorias da mecânica quântica ou da relatividade geral para resolver a questão, Wang e seus colegas sugerem uma abordagem diferente. Eles consideraram a enorme densidade de energia do vácuo prevista pela mecânica quântica como algo que realmente acontece, e acreditam ter descoberto informações importantes sobre a energia de vácuo que não foram levadas em consideração nos cálculos anteriores.

Os novos resultados fornecem uma imagem física completamente diferente do Universo. Nesta nova imagem, o espaço em que vivemos está "flutuando". Em cada ponto, ele oscila entre expansão e contração. À medida que balança para frente e para trás, os dois movimentos quase se cancelam, mas um efeito líquido muito pequeno leva o Universo a se expandir lentamente a uma taxa acelerada. "Mas se o espaço e o tempo estão flutuando, por que não podemos sentir isso? "Isso acontece em escalas muito pequenas, bilhões e bilhões de vezes menores do que um elétron," justifica Wang. "É semelhante às ondas que vemos no oceano. Elas não são afetadas pela dança intensa dos átomos individuais que compõem a água em que essas ondas se movimentam," disse o professor Unruh.

ENGANOS CIENTÍFICOS[6]

Inicialmente, Einstein acreditava que o Universo era estático, embora sua teoria indicasse outra coisa. Para continuar com essa ideia de estaticidade, ele introduziu em suas equações a constante cosmológica λ (lambda).

Em 1998, a análise de supernovas distantes mostrou não só que o Universo estava expandindo-se aceleradamente, mas também que essa expansão estava se tornando cada vez maior. A constante cosmológica foi mais uma vez chamada à cena para descrever o fenômeno, que os físicos chamam de "energia do vácuo" – hoje chamada de Energia Escura, Quintessência e outros nomes menos comuns –, uma energia cuja natureza é desconhecida, mas a qual é atribuída a responsabilidade pela aceleração da expansão do Universo. Mas surgiu, então, um problema ainda maior, talvez o maior de toda a Física: a teoria prevê que a constante cosmológica vale $3,83 \times 10^{+69}$ m^{-2}. As observações mais precisas já feitas, por sua vez, com base na radiação de fundo de micro ondas, chegaram a um valor de $1,11 \times 10^{-52}$ m^{-2}, o que é minúsculo, mas ainda assim suficiente para explicar a expansão acelerada do Universo. Essa diferença gigantesca (10^{+121}, isto é, um "1" seguido de 121 "0") passou a ser conhecida como a pior previsão já feita por qualquer teoria no campo da Física.

CONSTANTES QUE VARIAM[7]

Lucas Lombriser, da Universidade de Genebra, na Suíça, a fim de esclarecer essa dúvida, teve a seguinte ideia: ele introduziu uma variação na constante universal de gravitação G, criada por Newton, que aparece nas equações de Einstein. Mas, uma variação em uma constante significa torná-la "inconstante". A ideia de "constantes inconstantes" não é exatamente nova para os físicos, e há mesmo alguns indícios experimentais de que a força da gravidade pode não ser constante.

---

[6] Texto baseado na redação publicada no site Inovação Tecnológica em 10 de setembro de 2019. Disponível em: https://www.inovacaotecnologica.com.br/noticias/noticia.php?artigo=a-pior-previsao-ja-feita-pela-fisica-ter-sido-solucionada&id=010130190910#.XdfnD9VKjDc

[7] Idem.

Deus: as evidências - O reaparecimento do Sagrado

Pode haver outras possibilidades, e livrar-se da Matéria Escura e da Energia Escura é uma delas. Ou então, dispensar a Energia Escura para explicar a aceleração da expansão do Universo.

TEORIA DOS MUITOS MUNDOS[8]

A interpretação prática da variação na gravidade proposta por Lombriser é que nosso Universo, com $G = 6{,}67408 \times 10^{-11}$ m^3 / kg s^2, seria um caso especial entre um infinito número de diferentes possibilidades. Isso se encaixa na "Teoria dos Muitos Mundos", que propõe a existência de múltiplos Universos paralelos, incomunicáveis entre si, cada um emergindo conforme cada função de onda colapse – observe que a "Teoria dos Muitos Mundos" é diferente da Teoria dos Multiversos, que propõe a existência de múltiplos Universos independentes em diferentes regiões do espaço-tempo. A matemática do professor Lombriser não chega a λ, mas ao parâmetro ω_λ (ômega lambda), que é outra maneira, mais fácil de manipular e de entender, de expressar a constante cosmológica. Esse parâmetro designa a fração atual do Universo, composta de Energia Escura e matéria. O valor teórico obtido é 0,704 ou 70,4%, o que é muito mais próximo da melhor estimativa experimental obtida até o momento, 0,685 ou 68,5%, do que a discrepância de 10^{+121}.

A comunidade dos físicos achou a ideia muito interessante, e agora já há muita gente trabalhando para descobrir se a matemática do professor Lombriser pode ser usada para reinterpretar ou esclarecer outros mistérios da cosmologia. O mais importante, contudo, será verificar se a nova teoria pode ser usada para fazer uma previsão experimental que possa ser testada na prática e ver se os resultados batem. Por enquanto, as ideias de Lombriser são apenas especulações.

REFERÊNCIAS

INOVAÇÃO TECNOLÓGICA. **Crescem dúvidas sobre aceleração da expansão do Universo.** Nov. 2016. Disponível em: https://www.inovacaotecnologica.com.br/noticias/noticia.php?artigo=duvidas-sobre-aceleracao-expansao-universo&id=010130161101#.Xddh9C3Oo1I. Acesso em: 18 set. 2017.

---

[8] *Idem.*

INOVAÇÃO TECNOLÓGICA. **A pior previsão já feita pela Física pode ter sido solucionada**. 10 set. 2019. Disponível em: https://www.inovacaotecnologica.com.br/noticias/noticia.php?artigo=a-pior-previsao-ja-feita-pela-fisica-ter-sido-solucionada&id=010130190910#.XdfnD9VKjDc.

WANG, Qingdi; ZHU, Zhen; UNRUH, William G. How the huge energy of quantum vacuum gravitates to drive the slow accelerating expansion of the Universe. **Physical Review D**, v. 95. DOI: 10.1103/PhysRevD.95.103504

VI

O PRINCÍPIO ANTRÓPICO E A SINTONIA FINA DO UNIVERSO

Acabamos de ver que, por trás do nascimento do Universo, havia alguma coisa, uma força organizadora que parece ter calculado tudo, elaborado tudo, com uma minúcia inimaginável.

(Jean Gitton)

O Princípio Antrópico foi proposto na sua forma moderna pelo astrofísico australiano Brandon Carter. Ele o apresentou em uma reunião em 1974, na qual se comemorou o quinto centenário de aniversário de Nicolau Copérnico. Esse Princípio é, em parte, instigante porque parece contrariar a concepção de Copérnico de que nós, seres humanos não temos um lugar especial no Cosmo.

Ele declarou que a nossa situação é inevitavelmente privilegiada no Cosmo, até certo ponto. Vejamos o porquê:

A Física possui alguns números importantes e persistentes, que são as "constantes físicas" – dentre estas, as seguintes podem ser destacadas: a) a massa de repouso do próton; b) a massas de repouso do elétron; c) a carga elétrica das partículas subatômicas; d) a energia das forças fundamentais da natureza; e) a constante gravitacional; f) a velocidade da luz no vácuo; g) a constante de permissividade elétrica no vácuo; h) a constante de permeabilidade magnética no vácuo; i) momento de dipolo magnético do próton; j) momento de dipolo magnético do elétron; k) constante de Boltzmann; l) número de Avogrado; m) constante de Stefan – Boltzmann; n) constante de Rydberg; o) constante universal dos gases; p) calor específico da água à pressão constante; q) razão entre a carga e a massa do elétron em repouso etc. Se algumas dessas constantes fossem 5% diferentes, os seres humanos não existiriam na face da Terra.

O físico Fremann Dyson (1979, p. 250), referindo-se ao Princípio Antrópico, disse: "Quando examino o Universo e estudo os detalhes de sua arquitetura, mais evidências acho de que o Universo, de algum jeito, deve ter sabido que estávamos chegando". Em outras palavras, o Universo parece ter sido "projetado" para tornar possível a existência dos seres humanos. Esse ponto de vista é conhecido como "Princípio Antrópico".

O paulatino aperfeiçoamento e a complexidade da vida, particularmente da humana, pode ser observado em todas as escalas de grandeza, sejam quais forem as suas dimensões, incluindo-se a crosta terrestre e a sua atmosfera.

Os astrofísicos estão aptos para atribuírem valores numéricos a algumas centenas de aspectos físicos encontrados na natureza, como é o caso da densidade de prótons e nêutrons no Universo, a densidade local das galáxias anãs, o tamanho dos braços espiralados das galáxias, a duração do campo magnético da Terra, e daquelas bactérias que devem estar em faixas específicas para que os seres humanos possam existir. Tais valores numéricos podem ser comparados aos exemplos de "engenharia humana" (ROSS, 2018, p. 580). Esses estudos comparativos levam a implicações de que o Senhor Supremo é muito mais sagaz, inteligente e capaz do que engenheiros, arquitetos e desenhistas humanos, por mais habilidosos que sejam.

John Barrow e Frank Tipler, no livro *The Antropical Cosmological Principle* (1986), apresentaram quatro tipos de Princípio Antrópico:

a. Princípio Antrópico Fraco: os seres conscientes apenas podem existir em um meio com características que permitam a sua habitação. Esse princípio nos remete ao que é conhecido como "Zona Habitável". Na Astronomia, Zona Habitável, também chamada de Zona "Goldilok", é uma região do espaço em torno de uma estrela na qual o nível de radiação por ela emitido permite a existência de água líquida na superfície de um planeta, sem que os oceanos fervam em virtude da sua proximidade com o calor irradiado por ela, ou congelem, caso a estrela mãe esteja muito longe. Como exemplo, citamos o nosso planeta Terra. A palavra "Goldilok" significa "cabelos loiros encaracolados" e origina-se de uma história anglo saxônica para crianças, denominada "Os Três Ursos".

Essa Zona Habitável situa-se entre 0°C e 100°C, ou seja, as temperaturas de congelamento da água e a de evaporação da água, e é determinada pela equação:

$$D = (0{,}5\,L\,/\,4\pi\delta\,T^4)^{0,5}$$

Onde:

D = distância da estrela;

L = luminosidade intrínseca da estrela mãe em watts;

T = temperatura Kelvin;

δ = constante de Stefan – Boltzmann;

π = 3,14159.

No do nosso sol, a Zona Habitável situa-se entre 118.080.825 km e 220.428.665 km, onde a Terra dista 150.000.000 do sol.

Figura 4 – Zona Habitável em relação ao raio da órbita da Terra x Massa da estrela relativa ao sol (o nosso sistema solar está no centro)

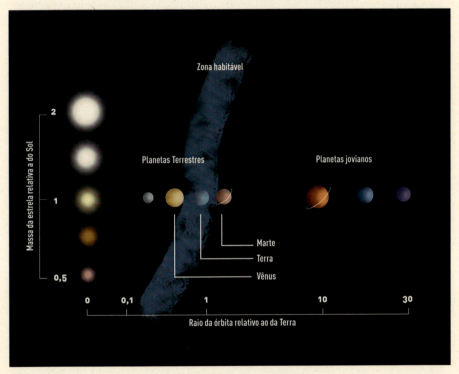

Fonte: ilustrado por Lucielli Trevizan

b. Princípio Antrópico Forte: este afirma que o Cosmo assume as características que possibilitam a existência de seres conscientes em algum lugar e em algum instante.

c. Princípio Antrópico Participativo: neste, observadores conscientes são fortemente necessários de modo a conduzir o Cosmo à existência, e este, por sua vez, é necessário de modo a levar os observadores a existirem.

d. Princípio Antrópico Final: neste, o Ser Supremo ainda não existe. Entretanto a vida, o Cosmo e todos os seus meios inanimados evoluíram em conjunto e ainda prosseguem evoluindo, de maneira a se tornar um Ser Onipotente, Onisciente e Onipresente, com poderes para criar o passado.

Alguns astrofísicos também falam de um Princípio Antrópico Maior, o "Princípio Antrópico Biológico". Esse princípio nos fala sobre a noção de que os seres humanos tem alguma possibilidade de existência e os acontecimentos que definiriam a origem da vida e a sua história subsequente devem ter sido fantásticos, extraordinariamente detalhados. Filósofos e cientistas deduziram que a arquitetura do Cosmo transparece um elevado nível de exatidão no seu "planejamento" e as complexas formas biológicas devem apresentar um ajuste muito cuidadoso.

De acordo com Hugh Ross:

> Ainda outro subconjunto do Princípio Antrópico que aborda a "incrível coincidência" da observabilidade cósmica. A pesquisa indica que a humanidade apareceu na cena cósmica em um momento único e local único – distante do núcleo da nossa galáxia, dos seus braços espirais e das nebulosas brilhantes – que permitem a observação e medição de toda a história do Universo desde o começo do Cosmo. (2018, p. 581).

Voltemos ao Princípio Antrópico: se algumas constantes físicas anteriormente citadas fossem ligeiramente diferentes (5%), a humanidade não existiria na Terra. Em outras palavras, não existiria a vida baseada no carbono.

Se a força forte fosse um pouco mais intensa, a reação nuclear seria tão eficiente que as estrelas transformariam rapidamente quase todo o hidrogênio em hélio e, até mesmo, em ferro. Isso porque os átomos são mantidos por uma "cola", que é a força citada, e, também, por uma força nuclear fraca, que responde pela desintegração radioativa.

Ao contrário, se a força nuclear forte fosse um pouco mais fraca, a repulsão eletrostática entre prótons não permitiria a formação dos núcleos atômicos mais complexos, não sendo possível a criação do carbono, elemento essencial para a vida. Se a força nuclear fraca fosse um pouco maior, os nêutrons se desintegrariam tão velozmente que os núcleos se desfariam antes que fossem gerados quaisquer elementos pesados. Se a referida força fosse um pouco mais intensa, haveria grande quantidade de nêutrons no Universo, o que faria com que, outra vez, todo o hidrogênio se transformasse em hélio, e até em elementos mais pesados, sendo impossível o aparecimento da água. Estamos falando em algo como 5%.

A força eletromagnética responde pela maneira como os átomos interagem (por reações químicas, por exemplo). Se essa força fosse ligeiramente maior, os átomos não manteriam as suas camadas de elétrons, não sendo possível as combinações químicas. Caso fosse ligeiramente mais fraca, os átomos não poderiam sustentar seus elétrons e, então, o Cosmo se transformaria em um mar de partículas livres, sem reações químicas. Nesse caso, não poderia haver a vida.

A força da gravidade é a mais fraca da natureza, sendo, entretanto, a mais importante, uma vez que sustenta satélites, planetas, estrelas, nebulosas, galáxias e até a expansão do Universo. Caso essa força fosse mais intensa, geraria estrelas maiores de modo que essas queimariam mais rapidamente, tornando-se instáveis. Isso possivelmente não seria algo que favorecesse a vida nos planetas localizados mais próximos das estrelas. Caso a gravidade fosse mais fraca, as estrelas não teriam massa necessária para se extinguirem explosivamente. Não haveria estrelas conhecidas por "supernovas" – estas são necessárias para que sejam gerados alguns elementos necessários à vida e também para dispersar o carbono e os outros elementos pesados para regiões onde novas estrelas e planetas possam ser criados.[9]

As propriedades especiais do nosso Cosmo levaram ao Princípio Antrópico. Este princípio é, de fato, um conjunto de argumentos racionais que têm provocado controvérsias e discordâncias, como qualquer área do saber. Na sua categoria de Princípio Antrópico Fraco, os seus argumentos são incontestáveis. Com esse modelo, podemos observar um Cosmo que nos permite existir, como seres humanos. Já o Princípio Antrópico Forte diz que o Universo necessita ser como é para permitir a presença de observadores inteligentes. Podemos até mesmo afirmar, perplexos, diante da "sorte" inacreditável que levou à nossa existência: há um Criador!

---

[9] *https://pt.aleteia.org;* https://pt.aleteia.org/2016/01/19/santo-agostinho-e-o-menino-que-despejava-o-mar--num-buraco-na-areia/

Nós, seres humanos, temos uma grande necessidade de encontrar um sentido para a vida. Como disse Chris Impey (2009, p. 358): "Será que isso nos distingue mesmo das abelhas e dos cupins, com toda a sua operosidade e comportamento geneticamente ligado?". Certamente que sim!

Mais adiante, continua Impey (2009, p. 358-359): "Mal identificamos nosso lugar no Universo. Temos todo o direito de nos surpreender por sabermos o tanto que sabemos. Stephen Hawkins propôs enigmaticamente em 'Uma Breve História do Tempo': 'O que é isso que respira fogo nas equações e faz um Universo para eles explicarem?'". "Ainda temos dificuldade com a pergunta proposta por Blaise Pascal: 'Por que existe algo em vez de nada?'", continua Impey (2009, p. 359).

O filósofo francês e padre católico Blaise Pascal, no seu livro intitulado *Pensamentos* (1957), escreveu o que ficou conhecido como "A Aposta de Pascal", na seção 233:

> Se você acredita em Deus e estiver certo, você terá um ganho infinito.
>
> Se você acredita em Deus e estiver errado, você terá um ganho finito.
>
> Se você não acredita em Deus e estiver certo, você terá um ganho finito.
>
> Se você não acredita em Deus e estiver errado, você terá uma perda infinita.

Para concluir este capítulo, deixo Santo Agostinho lembrando-se de um sonho que teve sobre Deus:

> Um fato ocorrido na vida de Santo Agostinho ilustra bem a respeito dos mistérios de Deus. A história diz que certo dia, Santo Agostinho, após longo período de trabalho e muito compenetrado na sua angústia, adormeceu no claustro. Teve um sonho revelador: caminhava sobre uma praia deserta, a contemplar o mar e o céu. De repente, avistou um menino que com uma vasilha de madeira indo até a água do mar, enchia a vasilha e voltava, despejando a águia num pequeno buraco na areia. Santo Agostinho, perplexo e curioso, perguntou ao menino: "O que você está fazendo?" O menino calmamente olhou para Santo Agostinho e respondeu: "Vou colocar toda a água do mar neste buraco!" Santo Agostinho sorriu e retrucou: "Isto é impossível menino, observe quanta água existe no oceano e você quer colocá-la toda neste pequeno buraco!

Deus: as evidências - O reaparecimento do Sagrado

Mais uma vez o menino olhou para Santo Agostinho e de forma firme e corajosa disse: "Em verdade vos digo. É mais fácil colocar toda a água do oceano neste buraco do que a inteligência humana compreender os mistérios de Deus!" E num átimo Santo Agostinho acordou. Assustado e desorientado. Acabara de ter uma mensagem divina que acalmaria sua alma conturbada.[10]

REFERÊNCIAS

BARROW, John; TRIPLE, Frank. **The Antropic Cosmological Principle**. New York: Oxford University Press, 1986.

DYSON, Freemam. **Disturbing the Universe**. New York: Basic, 1979.

IMPEY, Chris. **O Universo Vivo**. São Paulo: Larousse do Brasil, 2009.

PASCAL. **Pensamentos**. São Paulo: Difusão Europeia do Livro, 1957.

ROSS, Hugh. **Dicionário de Cristianismo e Ciência**. Rio de Janeiro: Thomas Nelson, 2018.

---

[10] Disponível em: pt.alateia/2016/01/santo-agostinho-e-o-menino-que-despejava-o-mar-num-buraco-na-areia

VII

O DISIGN INTELIGENTE

Existência, o disparatado milagre da existência! Para quem o mundo do amanhecer jamais chega como visão inacreditável? E para quem as estrelas lá no alto e a mão e a voz aqui perto jamais apareceram como indescritivelmente maravilhosas, muïto além da compreensão? Não sei de nenhum grande pensador de qualquer era que não considere a existência o mistério de todos os mistérios.

(John Archibald Wheeler)

A ideia de que há um projeto prévio seguido pelas leis científicas é chamado "Design Inteligente", "Desenho Inteligente" ou ainda "Projeto Inteligente".

Será possível que o Universo possua padrões que apontem, de modo claro, para a ação de algum tipo de inteligência que nele atuou ou ainda atua? O autor deste pequeno livro acredita que a resposta para essa pergunta é afirmativa. Esse Design, Desenho ou Projeto não pode ser provado, mas apenas inferido mediante a argúcia da razão ou pela intuição. Acredito que um Poder Metafísico criou o Universo com objetivos ou propósitos, havendo intenções para tanto. Entretanto as leis da Física não podem detectá-los de modo direto. O filósofo Immanuel Kant, no seu livro Crítica da Razão Pura (2001, p. 472), diz:

> Dessa forma, ascende deste mundo até a inteligência suprema como ao princípio de toda ordem e perfeição, seja na natureza seja no domínio moral. Denomina-se Teologia Física no primeiro caso, e no último, Teologia Moral. Pelo conceito de Deus estamos acostumados a entender não apenas uma natureza eterna, atuando cegamente, como raiz das coisas, mas um Ser supremo, que deve ser o criador das coisas pela inteligência e liberdade, e só este conceito nos interessa. Em rigor, poderíamos negar ao deísta toda crença em Deus e deixar-lhe apenas a afirmação de um ser originário ou de uma causa suprema.

Por outro lado, o filósofo, refletindo sobre a possibilidade de a razão alcançar a Deus, disse:

> Em seu caso apenas especulativo, conquanto a razão não seja de modo algum suficiente para tamanha empresa, isto é, para atingir a existência de um Ser supremo, tem contudo uma utilidade muito grande, a de retificar o conhecimento desse Ser, caso esse conhecimento possa ter outra providência, pô-lo de acordo consigo próprio e com toda finalidade inteligível, purifica-lo de tudo o que possa ser contrário ao conceito de um Ser supremo e excluir dele toda mistura de limitações empíricas. (KANT, 2001, p. 476).

Portanto para Kant a razão não pode alcançar o Supremo.

> Contudo, a realidade objetiva desse conceito não pode ser provada por esse meio, embora não possa ser refutada. E se houver uma Teologia Moral capaz de preencher esta lacuna, a Teologia Transcendental, até aí só problemática, demonstrará quanto é imprescindível para a determinação do seu próprio conceito e pela censura incessante à qual submete uma razão, muitas vezes enganada pela sensibilidade e nem sempre concordante com suas próprias ideias. (KANT, 2001, p. 477).

De acordo com aqueles teólogos e pensadores que propuseram a ideia do Design Inteligente, a complexidade específica do Cosmo seria a chave para se perceber o Projeto ou o Desenho. Há uma grande quantidade de literatura filosófica, teológica e científica que defende ou ataca a ideia desse Design.

Os pensadores que aceitam a ideia da evolução (evolucionistas teístas) pensam que Charles Darwin acertou em grande parte, uma vez que tudo o que vemos é resultado da atividade de forças naturais (seleção natural) atuando na natureza.

Há os criacionistas da Terra Jovem, que acreditam que a Terra teria sido criada há poucos milhares de anos atrás. Posteriormente, voltaremos a essa questão. Esses teólogos tendem a considerar que qualquer esforço no sentido de evidenciar o Design é inútil.

A concepção do Design Inteligente indica, na melhor das hipóteses, a ação de uma Inteligência por trás do mundo. Esses criacionistas veem o Design Inteligente como insuficiente próximo à Bíblia, não indo longe o suficiente. A comunidade do Design Inteligente percebe como resoluta a questão das origens. Como disse Dembski (2018, p. 204-205): "Ao encontrar sinais claros de inteligência na cosmologia (como no ajuste fino do Universo) e biologia (como as estruturas nano projetadas em todas as células vivas) ela vai tão longe em inferir o Design na natureza quanto a evidência científica permite.".

Nesses últimos anos, a ideia do Design tornou-se o centro das polêmicas entre teístas e ateus em várias áreas do saber. O teólogo britânico William Paley (1743-1805) dizia que o Universo apresenta evidências do Design em sua ordem implícita, capaz de ser percebida empiricamente. Ele dizia, por exemplo, que o Projeto ou Design pode ser percebido pela estrutura fisiológica dos seres vivos como o mecanismo complexo do olho humano, a complexidade do processo digestivo, o funcionamento das válvulas do coração etc. Segundo Paley, somente o Design explicaria tudo isso e todo e qualquer aspecto do Universo. Trata-se de um argumento probabilístico e indutivo. Como disse Voltaire: "Se o relógio indica a existência do relojoeiro, se o palácio anuncia o arquiteto, como poderia o universo não demonstrar a Inteligência Suprema?".[11]

Sobre a ideia de que há um Ser Supremo, assim escreveu Voltaire (2003, p. 472), no seu Dicionário Filosófico:

> Um homem decididamente persuadido da existência de um Ente supremo tão bom quanto poderoso que formou todos os seres extensos, vegetativos, sensitivos e reflexivos; que perpetua as espécies, que castiga sem crueldade os crimes e recompensas com bondade as ações virtuosas, esse é um teísta. Ele não sabe como Deus castiga, como favorece, como perdoa, já que não é assaz temerário para se gabar de conhecer a maneira de agir de Deus. Todavia, sabe que Deus age e que é justo.

Baseando-se em pesquisas recentes da cosmologia, os defensores do Design observaram a natureza dos fatos presentes no Big Bang e foram levados a concluir que as probabilidades e as condições corretas para a origem e manutenção da vida na Terra é muito baixa e incalculavelmente reduzida. Como será abortado no capítulo seguinte, o "Ajuste Fino" do Universo é um indicador da presença de Deus ou de um Princípio Inteligente atuando na natureza. Andrei Linde (2001), cosmologista da Universidade de Stanford, disse sobre a origem do Cosmo: "Isto está muito próximo das indagações religiosas".

---

[11] Disponível em: http//quemdisse.com.br/frase/se-o-relogio-indica-a-existencia-do-relojoeiro-se-o-palacio-anuncia-o-arquiteto-.

O argumento do Design para existência de Deus aponta que esse "Projeto" pode ser detectado pela análise dos componentes iniciais do Cosmo, que conduziram o aparecimento de seres inteligentes, dotados de moralidade e senso ético.

Martin Rees (2000), astrofísico britânico, admite que há muitos Universos, talvez até um número infinito deles, cada um com atributos diferentes, em combinações diversas e que os seres humanos vivem em um deles, que combina as coisas de modo a nos permitir existir. Sobre isso, ele faz uma interessante analogia:

> Se houver um grande número de roupas, uma pessoa não ficará surpresa se achar um terno que lhe sirva. Se houvesse muitos universos, cada um deles governado por um conjunto de diferente de números, em um deles existirá um conjunto particular de números adequados à vida. Estamos exatamente nele.

O Universo é demasiadamente complexo para ter aparecido por obra do acaso. Certamente há um "Projeto", um "Design", o qual é observado pela ordem que se antepõe ao caos. O argumento do Design não aceita que os seres vivos evoluíram apenas por seleção natural, mas, principalmente, em virtude do "Projeto", cujo arquiteto é Deus!

REFERÊNCIAS

DEMBSKI, William. **Dicionário de Cristianismo e Ciência**. Rio de Janeiro: Thomas Nelson, 2018.

KANT, Immanuel. **Crítica da Razão Pura**. São Paulo: Martin Claret, 2001.

LINDE, Andrei (2001). Before the Big Bang, there was....what? **New York Times**, jan. 2001.

REES, Martin. "Why is there life"? Discover, 2005. *In:* BRYSON, Bill. **Breve Historia de Quase Tudo**. São Paulo: Cia das Letras, 2005.

VOLTAIRE. **Dicionário Filosófico**. São Paulo: Martin Claret, 2003.

CRIACIONISMO

> *Deus atua no âmago da Vida, ajuda-a, suscita-a, dá-lhe o impulso que a afasta, o apetite que a atrai, o crescimento que a transforma. Eu O sinto, eu O apalpo, eu O "vivo", na corrente biológica profunda que circula na minha alma e a arrasta comigo.*
> (Pierre Teilhard Chardin)

O Criacionismo é a crença religiosa de que a humanidade, a vida, a Terra e o Universo são a criação de um agente sobrenatural ou de um Ser Supremo. No entanto o termo é mais comumente usado para se referir à rejeição, por motivação religiosa, de certos processos biológicos, particularmente a evolução biológica.

A partir do século XVIII vários pontos de vista tiveram como objetivo conciliar a ciência com a narrativa de criação do Gênesis, I, 1-31. Nessa época, aqueles que mantinham a opinião de que as espécies tinham sido criadas separadamente eram geralmente chamados de "defensores da criação", mas eram ocasionalmente chamados "criacionistas" em correspondências privadas entre Charles Darwin e seus contemporâneos.

À medida que a controvérsia Criação X Evolução se ampliou, o termo "antievolucionistas" tornou-se mais comum. Desde os anos 1920, o criacionismo nos Estados Unidos foi estabelecido em nítido contraste com as teorias científicas que decorrem a partir de observações naturalistas do Universo e da vida, como a da evolução biológica proposta por Charles Dawin. Os Criacionistas acreditam que a Teoria da Evolução das Espécies (proposta por Charles Dawnin) não pode explicar adequadamente a história, a diversidade e a complexidade da vida na Terra. Criacionistas conservadores das religiões judaica e cristã geralmente baseiam as suas crenças em uma leitura literal do mito da criação do Gênesis. No entanto outras grandes religiões têm mitos criacionistas diferentes, enquanto que os vários indivíduos religiosos variam em sua aceitação das descobertas científicas. Por exemplo, o Papa Francisco, o líder mundial dos católicos romanos, afirmou que o evolucionismo e a Teoria do Big Bang são linhas de pensamento corretas e que não entram em conflito com o catolicismo. Além disso, os chamados Criacionistas Evolucionários ou Criacionistas Evolucionistas possuem diferentes conceitos de criação e aceitam a idade da Terra e a evolução biológica conforme descrito pela comunidade científica. Quando a corrente principal da pesquisa científica produz conclusões teóricas que contradizem a interpretação Criacionista literal de escrituras, consideradas sagradas por religiosos, os que defendem o Criacionismo, muitas vezes, acabam por rejeitar conclusões obtidas por meio do método científico, das teorias científicas ou da metodologia usada nas pesquisas. A rejeição do conhecimento científico tem suscitado muitas controvérsias políticas e teológicas. A mais notável preocupação dos Criacionistas é contestar o processo de evolução dos organismos vivos, a ideia da origem comum, a história geológica da Terra, a formação do sistema solar e a origem do Cosmo.

Há três vertentes do Criacionismo, que são:

a. Criacionismo da Terra Jovem (CTJ);

b. Criacionismo da Terra Antiga (CTA);

c. Criacionismo Evolucionista ou Evolucionário (CE).

Em seguida, veremos de modo resumido, cada uma delas:

A. CRIACIONISMO DA TERRA JOVEM (CTJ)

No Criacionismo da Terra Jovem há duas questões básicas para se avaliar a posição do CTJ, em relação à Bíblia e à ciência, que são: 1- É o CTJ o caminho correto para se entender a Bíblia e, caso contrário, se há um modo melhor para isso que esteja disponível. Uma questão cabível agora é a seguinte: o CTJ percebe, com seriedade, a natureza do que está relatado em Gênesis, I, 1,31, ou é importante outra abordagem? 2- Os Evangélicos aceitam que toda a Bíblia foi escrita e inspirada pelo Ser Supremo. Nesse caso, pode-se dizer que se trata de um livro absolutamente confiável e autorizado sobre tudo o que nele está escrito. O problema maior é se há uma interpretação adequada do texto, uma vez que existem muitas discordâncias doutrinárias entre os cristãos na atualidade. Tratam-se de interpretações cabíveis, ainda que sejam seguidos princípios claros de acepções ou versões.

Aqueles que se consideram intérpretes da CTJ rejeitam as seguintes ideias: a) A concepção da Terra plana apoiada em colunas que a sustentam sobre as águas primevas que ainda existem; b) Geocentrismo; c) A ideia de que lua, sol e estrelas estão fixos em um domo celeste sólido; d) A concepção de que o referido domo é sustentado por pilares; e) As águas do dilúvio primordial de Noé que caíram sobre a Terra, ainda estão acima do domo celeste; f) Deus habita no céu situado acima das águas celestes; g) Nas bases dos pilares que sustentam a Terra, há o mundo inferior habitado pelos mortos.

Apesar de rejeitarem as sete concepções acima citadas, os CTJ admitem como certas as seguintes concepções: a) Uma interpretação literal de 24 horas para o dia da criação bíblica em Gênesis; b) A lua, o sol e as estrelas foram criados após a Terra. Essa criação do restante do Universo (sol, Terra e estelas) aconteceu no quarto dia da semana da criação por Deus; c) A ideia de que houve um dilúvio que cobria toda a Terra, pouco antes do qual Noé construiu a sua arca, como explicação dos fenômenos paleontológicos e geológicos; d) A crença de que tudo isso ocorreu nos últimos seis ou dez mil anos.

> As histórias bíblicas sobre a criação, da queda e do dilúvio são baseadas em eventos que realmente acontecera. Mas a maneira altamente estilizada com os capítulos iniciais de Gênesis apresentam essa história indica a natureza metafórica de certos traços da narrativa à medida que se depara com teogonias pagãs e as cosmogonias das culturas circundantes antigas e as supera (GORDON, 2018, p.161).

O CTJ é um movimento cristão baseado na história da criação bíblica apresentado em Gênesis I: 1-31 e no dilúvio mundial. A maioria dos que militam no CTJ acreditam que todo o Cosmo tem menos de 10 mil anos. Outros acreditam que, fora a Terra, o Cosmo é relativamente antigo, de acordo com a maioria dos cientistas, sendo a vida na Terra um fato mais recente. Acreditam ainda que Adão e Eva foram pessoas históricas. O CTJ não é contra as interpretações mitológicas e teológicas de Gênesis, afirmando que o âmago do relato bíblico da criação também é histórico.

B. CRIACIONISMO DA TERRA ANTIGA (CTA)

O Criacionismo da Terra Antiga tenta conciliar as bases consensuais da ciência de que o nosso planeta é muito antigo, com o Criacionismo Bíblico de Gênesis. Admite ainda que o entendimento de como Deus criou tudo procede das pesquisas científicas sobre o Cosmo. Os CTAs são convictos de que o Universo tem 13,5 bilhões de anos e tentam interpretar a Bíblia de maneira adequada a essa idade.

Os Criacionistas da Terra Antiga acreditam que Deus criou o Universo e seus habitantes, incluindo Adão e Eva, durante um período de tempo muito mais longo do que o permitido pelos Criacionistas da Terra Jovem. A lista de cristãos famosos que aceitam o CTA é longa e continua, e inclui Francis Schaefer, William Denbski, J. I. Packer, J. P. Moreland, Walter Kaiser, Norman Gleiser, Chuck Calson etc.

Os CTAs, na sua maioria, concordam com as estimativas científicas sobre a idade da humanidade e da própria Terra, rejeitando as afirmações dos evolucionistas modernos sobre a evolução biológica.

As controvérsias entre os CTJs e os CTAs dependem do significado da palavra hebraica *Yom*, que significa "dia". Os CTJs insistem no significado de *Yom* como um dia de 24 horas. Já os CTAs discordam dessa posição e acreditam que *Yom* esteja sendo empregada em Gênesis para denotar um tempo muito longo.

C. CRIACIONISTAS EVOLUCIONISTAS OU EVOLUCIONÁRIOS (CE)

O Criacionismo Evolucionista (CE) é a proposta cristã de que o Ser Supremo, como autor da criação e o mantenedor do Universo, teria usado a evolução biológica como recurso para gerar a biodiversidade da Terra. Essa proposta é também conhecida como "Evolução Teísta" e existente desde a época de Charles Darwin. No entanto ultimamente tornou-se cada vez mais aceita pelos cristãos evangélicos, principalmente pelos livros e artigos de Francis Collins, coordenador do Projeto Genoma Humano das pesquisas do BioLogos Foundation. O principal livro de Francis Collins foi publicado em Português com o título de *A Linguagem de Deus* (2007).

O CE alia-se ao DI quando acredita que o Design Inteligente criou o Cosmo e a vida, com intenções e objetivos. Nas palavras da astrofísica Deborah B. Haarsma, presidente da BioLogos desde 2013: "Cientificamente, o DI tem importantes áreas de concordância com o DE. Meyer [*12]

---

[12] Stephen C. Meyer é membro sênior do "Discovery Institute". Recebeu seu título de doutor em Filosofia da Ciência da Universidade de Cambridge. Ex-geofísico e professor universitário, ele dirige o Centro de Ciência e Cultura do Discovery Institute, em Seattle.

claramente afirma aceitar as evidências de um Universo antigo e a longa escala de desenvolvimento da vida na Terra" (HAM; RODD; HAARSMA; MEYER, s/d, p. 279).

Continua Haarsma (s/d): "sem a ação sustentadora de Deus, todas as leis naturais e a matéria em si deixam de existir". "CE argumenta que podemos perceber o Design na natureza mesmo quando os cientistas têm uma explicação natural completa. Enquanto o DI aponta para supostas falhas nas explicações evolucionárias, a CE vê o Design em toda a estrutura do Universo que torna a vida (e a evolução) possível".

Este autor não se posiciona em favor do Criacionismo, por esta ser uma visão totalmente cristã sobre a criação. Há outras concepções que serão abordadas posteriormente.

REFERÊNCIAS

COLLINS, Francis. **A Linguagem de Deus**. São Paulo: Gente, 2007.

GORDON, Bruce L. **Dicionário de Ciência e Cristianismo**. Rio de Janeiro: Thomas Nelson, 2018.

HAM, Ken; ROSS, Hugh; HAARSMA, Deborah B.; MEYER, Stephen. **A Origem**. Rio de Janeiro: Thomas Nelson.

IX

CRIACIONISMO HINDU

*Sukadeva Goswami disse: "ó rei, a religião, a veracidade, a limpeza,
a tolerância, a misericórdia, a duração da vida, a forma física e a
memória, todas diminuirão dia a dia em virtude da poderosa influência
da era de Kali".*

(A.C. Bhaktivedanta Swami Prabhupada)

A origem do Universo, segundo o hinduísmo, pode ser encontrada
em vários textos, como o Srimad Bhagavatan (Bhagata Purana) e outros.
Segundo as escrituras hindus, há uma cronologia sobre as eras pelas quais
passa a humanidade, o nascimento e a morte do Universo. Segundo o Srimad
Bhavatan, a humanidade passa pelas seguintes eras:

a. Krita ou Satya Yuga: é a primeira era caracterizada por sabedoria,
   paz, concórdia. Não existem enfermidades, cobiça, aflição, ciúme ou
   inveja. Há fartura e justiça. Também é chamada de "Idade de Ouro".
   Corresponde a 4.000 anos dos deuses;

b. Treta Yuga: é a segunda era, caracterizada por uma diminuição da
   virtude, da paz. Nessa era aparecem as castas e os homens ficam depen-
   dentes dos rituais religiosos. A paz começa a declinar passando a aparecer lentamente o ciúme e a inveja. É a "Era de Prata". Corresponde
   a 3.000 anos dos deuses;

c. Dvapara Yuga: é a terceira era, caracterizada pelo aumento dos vícios
   e da infelicidade. Os seres humanos mergulham cada vez mais na
   injustiça. A paz já não é como nas eras anteriores. É a "Era de Bronze".
   Dura 2.000 anos dos deuses;

d. Kali Yuga: é a quarta era, caracterizada pelo desaparecimento completo
   da paz, da concórdia, da justiça. A corrupção aumenta muito. As disputas
   e a discórdia campeiam. Cessam todos os rituais religiosos e as religiões
   quase desaparecem. Surgem várias enfermidades, guerras e conflitos gene-
   ralizados. O ódio e a fome se ampliam e se tornam fatos comuns. O medo
   e a ansiedade aumentam. É a "Era de Ferro". Dura 1.000 anos dos deuses.

Como escreveu Flood (2014, p. 154): "A era atual é a era das trevas, Kali, caracterizada pelo declínio do dharma e pela intervenção regeneradora da futura encarnação de Vishnu, Kalki, que virá ao mundo para dar início a uma nova perfeição, uma nova Krita Yuga". Isso pode ser encontrado no Vishnu Purana (H., 2006, p. 21-24).

O mundo material depende da vida do deus criador Brahmâ, que vive 100 anos dos deuses, o que corresponde a 311.040.000.000.000 anos terrestres ou humanos. O Cosmo é criado por Brahmâ. Com o sono desse deus, o Universo desaparece. Transcorridos outros cem anos brahmânicos, outro Brahmâ aparece e outro ciclo do Universo é iniciado. Um ciclo de destruição e criação repete-se indefinidamente. Quando o Cosmo se expande, isso é "um dia de Brahmâ", ou Manvantara. Quando o Universo se contrai, isso é uma noite de Brahmâ, ou Pralaya, quando Brahmâ dorme.

A humanidade atual está atravessando uma Kali Yuga. Aguarda-se a chegada de uma nova Satya Yuga, quando tudo recomeçará.

Para os hindus, o tempo é cíclico, havendo repetições das Eras, umas após as outras. Após transcorridos 100 anos de Brahmâ, esse deus dissolve-se no Ser Supremo. Esse momento é chamado de "Grande Dissolução" ou Maha-Pralaya. Um Kalpa constitui uma noite e um dia de Brahmâ. Não existe fim para esse processo, nem outro propósito a não ser o da diversão do Senhor Brahmân, chamada Lilâ.

Há vários textos do hinduísmo sobre a Criação. Abaixo, um hino do Rig Vêda sobre a Criação:

A. RIG VÊDA, LIVRO X, HINO CXXIX (GRIFFITH, 1991)

1. "Então não havia o não-existente nem o existente – não havia reino no ar, nem no Céu além dele. O que o encobria e onde ? E o que dava abrigo? Existia água ali, uma profundidade insondável de água?"

2. "Não existia então a morte, nem coisa alguma imortal – Não havia sinal, o divisor do dia e da noite. Aquela coisa única, sem alento, respirou por sua própria natureza – a não ser ela, não existia coisa alguma";

3. "Existia trevas; de começo oculto na treva, esse Tudo era o caos indiscriminado. E tudo quanto existia então era vazio e sem forma – pelo grande poder do calor nasceu aquela unidade";

4. "Daí em diante surgiu o desejo no início, Desejo, a semente e germes primevos do espírito. Sábios que buscavam com o pensamento";

5. "Transversalmente sua linha de separação se estendeu – o que estava acima, então, e abaixo? Existiam reprodutores, forças poderosas, ação livre aqui e energia acima, além";

6. "Quem realmente sabe e quem pode declarar, de onde nasceu e de onde veio essa Criação? Os deuses vieram depois da produção deste mundo. Quem sabe, portanto, de onde ele veio pela primeira vez ?";

7. "Ele, a primeira origem desta Criação, teria formado a mesma toda ou não a tenha formado. Cujo olho controla este mundo no Céu mais alto, ele realmente sabe, ou talvez não saiba".

B. AITAREYA UPANISHAD (TINOCO, 1996)

De acordo com "As Upanishads" e outros textos do hinduísmo, o Absoluto Brahmân e o Atman são idênticos. A palavra Atman é de origem sânscrita e designa o aspecto espiritual da Criação, estando nos seres humanos vivos e em tudo. Muitas pessoas pensam que Atman significa "Alma Individual". Mas isso não está de todo errado. O Atman também significa alma individual, mas está em tudo o que existe. Atman e Brahmân são idênticos.

Vejamos abaixo, versos da Aitareya Upanishad, sobre a Criação:

I.1.1: "Antes da Criação do mundo, só existia o Atman, não existia mais nada. Nada havia além dele. Então, o Atman pensou: 'Criem-se os mundos";

I.1.2: "Ele criou os mundos denominados: Ambhar, o mundo mais elevado, que está acima do Céu e é sustentado por ele; Maridu, o mundo celeste dos raios solares; Mara, o mundo mortal, a Terra; Apa, o mundo abaixo da Terra; Yon, é Ambhar, acima dos Céus; o Céu é o seu suporte. Os Marich são o espaço. Mara é a Terra. O que está abaixo é Apa".

I.1.3: "Ele pensou: 'Os mundos se acham feitos. Vou criar os guardiãs dos mundos" (Então, surgiram os Lakapalas ou oito guardiãs e protetores, cada um deles ligado a um ponto cardeal, os deuses planetários. Soma, Agni, Indra, Kuvera, Varuna, Yama, Surga e Vayus). Retirando das águas um ser como uma massa disforme, deu-lhe forma humana."

I.1.4: "Chocando aquela massa transformada num ser humano (Virat) Ele o moldou com o calor. Depois de aquecido, Ele começou a gerar os órgãos de Virat e as suas respectivas deidades controladoras: a boca saiu como um ovo de Pássaro; da boca saiu a palavra. Da palavra saiu o fogo. Abriram-se as narinas; das narinas saiu a respiração; da respiração saiu o vento e o Prâna";

"Abriram-se os olhos; dos olhos saiu a visão; da visão o sol";

"Formaram-se as orelhas; das orelhas saiu a audição e desta, saíram as diversas regiões sonoras";

"Mostrou-se a epiderme; da epiderme saíram os pelos e destes, nasceram as plantas e as árvores";

"Formou-se o coração; do coração saiu a mente, desta surgiu a lua";

"Mostrou-se o umbigo; do umbigo saiu o ar vital que desce, o Apana. Do Apana ou ar vital que desce, saiu a morte";

"Mostraram-se os órgãos genitais; destes saiu o sêmen. Do sêmen saíram as águas";

"As deidades controladoras dos diversos órgãos, nasceram de várias partes de Virat".

Virat representa a totalidade dos corpos humanos. Ele foi criado pelo Supremo e representa, aqui, a humanidade. Há semelhança com o mito de Adão, o primeiro homem bíblico.

No verso I.1.1 há uma referência ao Atman, já referido no início desta parte.

No verso I.1.2 há a criação dos diversos mundos, de acordo com a cosmologia do autor anônimo do texto.

No verso I.1.3 há a criação dos guardiãs dos mundos, cada um deles com o seu guardião, os Lokapalas, associados aos pontos cardeais.

No verso I.1.4 o Ser Supremo retira das águas uma massa e a transforma em um ser humano, aqui chamado por Virat, que teria sido moldado pelo calor do Absoluto Brahmân. Depois, o Ser Supremo faz surgir os órgãos de Virat e as suas respectivas funções.

C. MANARVA DHARMA SASTRAS (CÓDIGO DE MANU) (DONINGER, 1991)

Capítulo I, versos 5:

– "Ouçam! Certa vez este Universo era feito de escuridão, e não havia nada que pudesse ser discernido, sem se fazer distinção, sendo impossível através da razão o compreender ou entender; ele parecia estar completamente adormecido";

Verso 6: "Então, o Senhor, que é Auto existente, Imanifesto, fez este Universo se tornar manifesto; pondo Sua energia no interior dos grandes elementos e também em todas as coisas. Ele se tornou visível e dispersou a escuridão";

Verso 7: "Aquele que pode ser abarcado apenas pelos que estão além dos sentidos, O qual é Sutil, Imanifesto, Eterno, Inimaginado, Ele de quem todas as criaturas são feitas, Ele que é Aquele que atualmente apareceu";

Verso 8: "Ele, após muito pensar, desejou criar várias criaturas do seu próprio corpo; primeiramente, criou as águas; então Ele derramou seu sêmen nelas";

Verso 9: "O sêmen se tornou o Ovo de Ouro, tão brilhante quanto o sol com os seus milhares de raios; Brahmâ, Ele mesmo, é o pai das criaturas, Ele que é nascido do Ovo".

Figura 5 – Hiranyagarba, o Ovo de Ouro

Fonte: ilustrado por Lucielli Trevizan

REFERÊNCIAS

DONINGER, Wendy. **The Laws of Manu**. Londres: Peguin Books, 1991. p. 3-4.

FLOOD, Gavin. **Uma Introdução ao Hindiísmo**. Juiz de Fora: Universidade Federal de Juiz de Fora, 2014. p. 154.

GRIFFITH, Ralph T. H. **The Hymns of Rgveda**. Delhi: Motilal Banarsidass Publisher Pvt, Hino X, 129, p. 635-636, 1991;

H. H. Wilson (Trad.). **Visnu Purana**. A system of Hindu Mytology and Tradition. Calcutta: Punthi Puskat, reimpressão. III, 4. p. 21-24, 2006.

TINOCO, Carlos Alberto. **As Upanishads**. São Paulo: Ibrasa, 1996. p. 258-259.

X

OUTRAS FORMAS DE CRIACIONISMO

*4. Esta é a gênese dos céus e da Terra quando foram criados, quando o
Senhor Deus os criou.
5. Não havia ainda nenhuma planta do campo na Terra, pois ainda
nenhuma erva do campo havia brotado, porque o Senhor Deus
não fizera chover sobre a Terra, e também não havia homem para
lavrar o solo.*

(João Ferreira de Almeida, A Bíblia Sagrada)

Há outras formas de Criacionismo oriundas de outras fontes religiosas
além das citadas no capitulo anterior. Algumas delas tiveram origem em
povos indígenas brasileiros e essas serão relacionadas neste capítulo. Em
seguida, veremos algumas delas:

A. JUDAÍSMO

A.l. GÊNESIS

A criação dos céus e da Terra (ALMEIDA, s/d):

1. "No princípio criou Deus os céus e a Terra";

2. A Terra, porém, era sem forma e vazia; havia trevas sobre a face do
   abismo, e o Espírito de Deus pairava por sobre as águas";

3. "Disse Deus: Haja luz; e houve luz";

4. "E viu Deus que a luz era boa; e fez separação entre a luz e as trevas";

5. "Chamou Deus à luz Dia, e às trevas, Noite. Houve tarde e manhã, o
   primeiro dia";

6. "E Deus disse: "Haja firmamento no meio das águas, e separação entre
   águas e águas";

7. "Fez, pois Deus o firmamento, e separação entre as águas debaixo do firmamento e as águas sobre o firmamento. E assim se fez";

8. "E chamou Deus ao firmamento de Céus. Houve tarde e manhã, o segundo dia";

9. "Disse também Deus: Ajuntem-se as águas debaixo dos Céus num só lugar, e apareça a porção seca. E assim se fez";

10. "À porção seca chamou Deus Terra, e ao ajuntamento das águas, Mares. E viu Deus que isso era bom";

11. "E disse: "Produza a Terra relva, ervas que deem sementes, e árvores frutíferas que deem fruto segundo a sua espécie, cuja semente esteja nela, sobre a Terra. E assim se fez";

12. "A Terra, pois, produziu relva, ervas que davam sementes segundo sua espécie. E viu Deus que isso era bom";

13. "Houve tarde e manhã, o terceiro dia";

14. "Disse também Deus: 'Haja luzeiros no firmamento dos Céus, para fazerem separação entre o dia e a noite; e sejam eles para sinais, para estações, para dias e anos";

15. "E sejam para luzeiros no firmamento dos Céus, para alumiar a Terra. E assim se fez";

16. Fez Deus os dois grandes luzeiros: o maior para governar o dia e o menor para governar a noite; e fez também as estrelas";

17. "E os colocou no firmamento dos Céus para alumiar a Terra,

18. para governarem o dia e a noite, e fazerem separação entre a luz e as trevas. E viu Deus que isso era bom";

19. "Houve tarde e manhã, o quarto dia";

20. "Disse também Deus: 'Povoem-se as águas de enxame de seres viventes; e voem as aves sobre a Terra, sob o firmamento dos Céus";

21. "Criou Deus os grandes animais marinhos e todos os viventes que rastejam, os quais povoaram as águas, segundo as suas espécies. E assim viu Deus que isso era bom";

Deus: as evidências – O reaparecimento do Sagrado

22. "E Deus os abençoou, dizendo:' Sê fecundos, multiplicai- vos e enchei as águas dos mares; e, na Terra, se multipliquem as aves";

23. "Houve tarde e manhã, o quinto dia";

24. "Disse também Deus: 'Produza a Terra seres viventes, conforme a sua espécie: animais domésticos, répteis e animais selváticos, segundo a sua espécie. E assim se fez";

25. "E fez Deus os animais selváticos, segundo a sua espécie, e todos os répteis da Terra, conforme a sua espécie. E viu Deus que isso era bom";

26. "Também disse Deus:' Façamos o homem à nossa imagem, conforme a nossa semelhança; tenha ele domínio sobre os peixes do mar, sobre as aves dos Céus, sobre os animais domésticos, sobre a Terra e sobre todos os répteis que rastejam sobre a Terra";

27. "Criou pois Deus o homem à sua imagem à imagem de Deus o criou; homem e mulher os criou";

28. "E Deus os abençoou, e lhes disse: 'Sede fecundos, multiplicai- vos, enchei a Terra e sujeita- a; dominai sobre os peixes do mar, sobre as aves dos Céus, e sobre todo animal que rasteje sobre a Terra";

29. "E disse Deus ainda: 'Eis que vos tenho dado todas essas ervas que dão sementes e se acham na superfície de toda a Terra, e todas as árvores em que há fruto que dê sementes; isso vos será para mantimento":

30. "E todos os animais da Terra e todas as aves dos Céus e todos os répteis da Terra, em que há fôlego de vida, toda erva verde lhes será para mantimento. E assim se fez";

31. "Viu Deus tudo quanto fizera, e eis que era muito bom. Houve tarde e manhã, o sexto dia";

A.2

1. "Assim, pois, foram acabados os Céus e a Terra, e todo o seu exército";

2. "Havendo Deus terminado no sétimo dia a sua obra que fizera, descansou nesse dia de toda a Sua obra que tinha feito".;

3. "E abençoou Deus o dia sétimo, e o santificou; porque nele descansou de toda a Sua obra que, como Criador, fizera".

B. CRISTIANISMO

Evangelho Segundo São João (ALMEIDA, s/d):

1. "No princípio era o Verbo, e o Verbo era Deus";

2. "Ele estava no princípio com Deus";

3. "Todas as coisas foram feitas por intermédio Dele, e sem Ele nada do que foi feito se fez";

4. "A vida estava Nele, e a vida era a luz dos homens";

5. "A luz resplandeceu nas trevas, e as trevas não prevalecem contra ela".

C. COSMOLOGIA DOS ÍNDIOS BRASILEIROS TUKANOS[13]

No mito Tukano da Criação, há quatro tempos. Há ainda um quinto tempo referente ao estabelecimento dos Tukanos no Alto Rio Negro, no norte do estado do Amazonas.

O mito Tukano da Criação está associado à música ou à melodia, ao benzimento e a palavras de poder. Segundo o índio Tukano Séribhi (Gabriel Gentil), o mito da Criação começa enfatizando que no início havia o som. Era "Uró bahsamorê bayaroti wepo", uma voz em tom musical que cantava quando nada existia. Era o som primordial que havia antes de tudo.

Durante tais ocorrências uma grande explosão foi ouvida (GENTIL, 2000, p. 20); "de cor de jenipapo, no meio cor-de-rosa, grande formava um círculo". Logo após o estrondo que se deu em torno da deusa criadora Ye'pá, as melodias formavam um redemoinho de vento (GENTIL, 2000, p. 21): "fazendo-lhe carinho entrando no corpo dela, através dos ossos, do pensamento". Dessa forma, as músicas, os sons que estavam em torno da deusa e dentro do seu corpo, começaram a formar o Cosmo. Então, Ye'pá iniciou a geração da Terra, antes de espremer o seu seio direito para retirar o leite que daria origem à Terra, juntamente às sementes de tabaco. Foi a partir dessas sementes retiradas da sua axila esquerda e do leite tirado do seu seio direito e soprado pela boca da deusa, que ela gerou a Terra. O leite é a água da Terra, e a Terra é o corpo de Ye'pá. A Terra, após ser criada, expandiu-se como uma cuia. Nessa época, a deusa criou "Gente-Pedra-

---

[13] Os dados aqui apresentados foram extraídos de Ricardo Berwanger Franco de Sá, com a sua devida autorização (2018, p. 64-65).

Quartzo", os Aruaques. Ela usou bebidas imortalizadoras, tabaco, ipadu e cheirava paricá (pó de plantas alucinogênicas soprado por meio de um canudo, nas narinas de outra pessoa) de pedra-quatzo-branco. Todos esses elementos viviam no corpo da deusa criadora e, a partir deles, ela criava os primeiros seres humanos – e tudo o que existe –, que surgiram sob a forma de cilindro (aqui, há referências ao fato de que tudo o que existe possui uma mesma natureza, uma mesma origem e os mesmos elementos formadores. Em outras palavras, a mesma essência).

Figura 6 – Mito Tukano da Criação, mostrando a Deusa Criadora Ye'pá (Museu Amazônico)

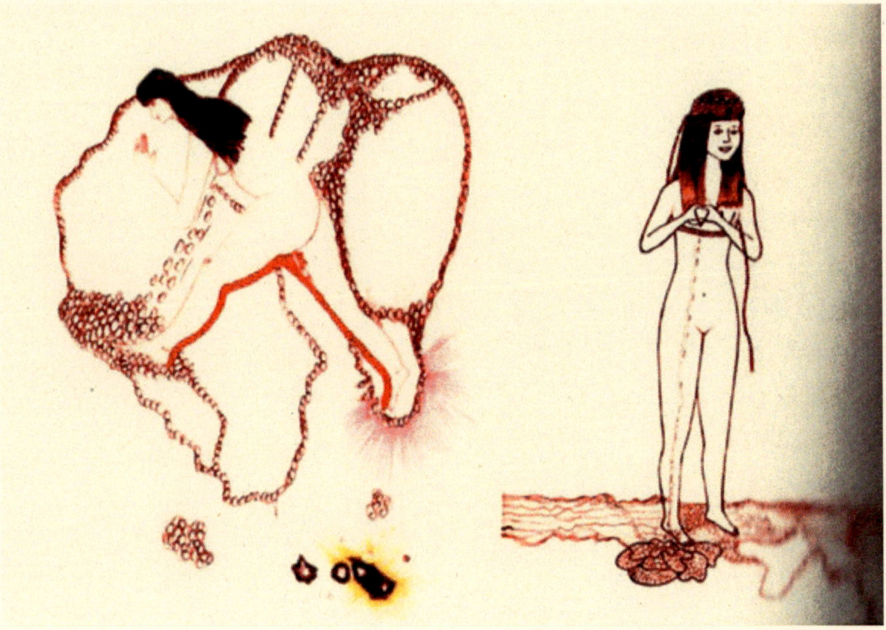

Fonte: Ricardo Berwanger Franco de Sá, 2018, p. 66

D. COSMOLOGIA DOS ÍNDIOS BRASILEIROS MAWÉS

Os dados abaixo foram baseados no livro *A Religião dos Pajés e dos Espíritos da Selva* (YAMÂ, 2004).

Os Mawés são um povo de origem Tupi que habita uma área da fronteira entre os estados do Pará e do Amazonas, conhecida por Mawézia, situada entre os municípios de Barreirinha, Parintins, Maués, Boa Vista dos

Ramos, Itaituba e Avieiro. Seu idioma é o Sateré, além do Português e o Tupi moderno. Por volta de 2004, havia aproximadamente 12.000 pessoas naquelas tribos, todas vivendo dentro e fora de territórios demarcados pela Funai (Fundação Nacional do Índio). O povo é organizado em clãs, que, deles, restam apenas cinco.

Segundo os Mawés, no início de tudo existiam apenas as forças cósmicas, chamadas "Monãg", a classe dos deuses, Tupana, o deus do bem e Juruparí, o deus do mal. Foram esses deuses que criaram os seres que habitam as estrelas e que existem espalhados pelo Cosmo. Eles possuem corpos luminosos que só aparecem à noite, quando o céu está escuro.

No Cosmo que os Monãg criaram, existiam dois astros especiais, cada um deles feito por um deus. Tupana, o deus do bem, criou o sol e Juruparí, o deus do mal, criou a lua. Mas os deuses não ficaram satisfeitos. Desejaram que os referidos astros se encontrassem e mantivessem conversa, o que era impossível. O sol só aparece de dia e a lua, durante a noite. Para superar essa dificuldade, as divindades geraram do escuro infinito a enorme serpente Mói wató Mãgkarú-sése, que serviu de mediadora entre o sol e a lua. Após aparecer, essa serpente passou a fazer companhia para ambos, que se apaixonaram por meio dela. No entanto a grande serpente não tomava decisão sobre com quem ficar. Quando era noite, ela ia dormir com a lua, amando-a. Quando era dia, abandonava a lua e ia deitar-se com o sol. Nenhum dos dois astros desconfiava da traição.

Certo dia, a grande serpente ficou grávida e foi lamentar-se com os deuses, pois não sabia quem era o pai da criança. Juruparí não lhe deu a menor importância. Já Tupana a advertiu. Triste, ordenou-lhe que procurasse o pai. Desse modo, o sol e a lua ficaram sabendo do que Mói wató Mãgkarú-sése fizera com eles. Ao saber disso, abandonaram-na, subindo ao alto. Mas Tupana desejou consertar tudo e profetizou a vinda de mais dois astros que alterariam toda a história do Cosmo. Com o passar do tempo, a grande serpente pariu dois filhos gêmeos. Um deles era Y'y'wató, o planeta das águas, sem Terra e habitado por seres fantásticos, e o outro, Ywyka'ap, que era o planeta Terra, sem água e habitado por seres minerais.

Em tudo o que Tupana criava, ele colocava os Paini-pajés dotados de poderes mágicos, para substitui-lo. Enquanto trabalhava, não era ajudado por Juruparí, este passando a fazer outras coisas inferiores e menos bonitas que as que eram geradas por Tupana, não conseguindo imitá-lo, apesar de tentar. Jurupari invejou Tupana e, com isso, começou a buscar pretexto para se opor às obras do deus do bem, tentando torná-las feias. Por essa razão, não quis ajudá-lo a criar mais mundos pelo Cosmo. Assim, transformou-se no protetor da maldosa cobra Mãgkarú-sése, que acobertava seus delitos. Com isso, Tupana expulsou-o da sua companhia, ato que consolidou a separação entre a maldade e a bondade. A partir disso, Juruparí se tornou oponente de Tupana. Essa foi a primeira fase da Criação.

Figura 7 – Y'y'wató e Ywyka'ap

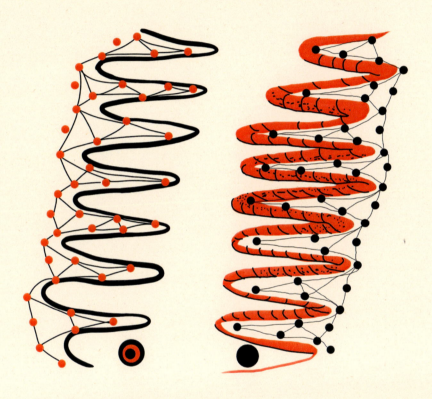

Fonte: ilustrado por Lucielli Trevizan

O mito termina com uma fala dos Paini-pajés sobre ecologia.

REFERÊNCIAS

ALMEIDA, João Ferreira. **A Bíblia Sagrada**. Rio de Janeiro: Sociedade Bíblica do Brasil, [s.d.].

DE SÁ, Ricardo Berwanger Franco. **Uró Bahsamoré Bayaroti Wepo**. Curitiba: Appris, 2018.

GENTIL, Gabriel dos Santos. **O Mito Tukano**: Quatro tempos da antiguidade. Suíça: Tomo I, 2000.

YAMÃ, Yaguaré. **Urutópiang**: a religião dos pajés e dos Espíritos da Selva. São Paulo: Ibrasa, 2004. p. 74-83.

XI

EXPLOSÃO CAMBRIANA

*As relações geológicas que existem entre a fauna atual e a fauna extinta da América meridional, assim como certos fatos relativos à distribuição de seres organizados que povoam este continente, impressionaram- me profundamente quando da minha viagem a bordo do **Beagle**, na condição de naturalista.*

(Charles Darwin)

A paleontologia e o registro fóssil foram empregados para tornar possível a datação por idade, relativa às Eras Geológicas. Também foram usadas as "sequências sedimentares" para o mesmo fim. Isso revelou o quanto é antigo o nosso planeta Terra. Entretanto nenhum método de datação estava disponível de modo a oferecer medidas quantitativas nas quais se pudesse acreditar. Muitas tentativas foram realizadas, apesar das grandes incertezas produzidas. Geólogos coletaram dados sobre as concentrações de sódio nos oceanos e as taxas em que os rios transportavam esse elemento para mares e oceanos.

Lord Kelvin foi um matemático e físico britânico. Nasceu em 1824 e morreu em 1907, aos 68 anos de idade. Recebeu o título de nobreza de Primeiro Barão Kelvin de Largs pela grande importância de seu trabalho científico. Seu verdadeiro nome era William Thomson. A Terra passou por resfriamento, ao longo da sua história geológica, desde quando estava no estado primitivo inicial. Nosso planeta era quentíssimo e, com o decorrer do tempo, foi esfriando até alcançar as temperaturas atuais. No início, as rochas encontravam-se em estado de fusão. Lord Kelvin mediu o tempo necessário para que a concentração de sódio nos mares e oceanos da Terra ocorresse pelo fluxo de calor na superfície, datando a idade da Terra entre 20 e 40 milhões de anos, pesquisa por ele publicada em 1899. Modernamente, sabe-se que essas datas estão erradas.

Com a descoberta da radioatividade em 1896, os geólogos descobriram a "decomposição dos átomos radioativos". Suas atividades radioativas fizeram surgir mais calor no interior da Terra, o que invalidou os cálculos de Lord Kelvin. Depois disso, foi a radioatividade que forneceu medidas mais exatas para se estimar a idade das rochas ígneas.

O processo de decaimento radioativo é dado pela equação:

$$\frac{dN}{dt} = -\lambda N$$, onde N é o número de núcleos radioativos, t é o tempo e λ é a "constante de desintegração".

Em 1905, o físico inglês John William Strutt efetuou a primeira datação radioativa. Isso foi feito pela concentração de hélio em rochas que continham rádio e, assim, a idade da Terra ficou estimada em dois bilhões de anos.

Duas a quatro décadas depois, os cientistas desenvolveram a chamada "Deteriorização Radioativa", dado pela mesma equação do processo de decaimento radioativo, o que levou à datação de rochas ígneas, método usado nos dias atuais. Entre o final do século XIX e o início do século XX, vários teólogos conservadores admitiram que as evidências da antiguidade da Terra calculada por geólogos cristãos e materialistas ou seculares eram equivalentes.

Com o passar dos anos, surgiu a moderna geologia, na qual é a Terra quem conta a sua própria história. Essa nova fase da geologia é baseada na regularidade da natureza, em que os cientistas fazem observação de rochas no passado. Essa nova atitude dos geólogos consiste na aplicação de métodos de datação radiométricas (datação radioativa) usados em todos os tipos de rochas ígneas. Esses tipos de rochas são aquelas que resultam do resfriamento do magma derretido, total ou parcialmente. Podem ser formadas com ou sem a cristalização, ou abaixo da superfície como rochas intrusivas (plutônicas), ou próximas à superfície, sendo rochas vulcânicas ou extrusivas. São também chamadas de "rochas magmáticas" ou "rochas eruptivas". Os outros tipos de rochas são sedimentares ou metamórficas.

Deus: as evidências - O reaparecimento do Sagrado

Figura 8 – Rochas ígneas

Fonte: ilustrado por Lucielli Trevizan

Os métodos de datação de rochas devido à sua atividade radioativa tornaram possível estimar a idade da Terra em 4,6 bilhões de anos.

Quadro 1 – Eras Geológicas da Terra

EON	ERA	PERÍODO	ÉPOCA	EVENTOS IMPORTANTES	IDADE (Milhões de Anos)
FANEROZÓICO	CENOZÓICO	Quaternário	Holoceno	Dispersão da espécie humana	0,01
			Pleistoceno	Extinção de muitos mamíferos, aves e plantas; surgimento da espécie humana	1,64
		Terciário	Plioceno	Surgimento dos primeiros hominídeos	5,2
			Mioceno	Diversificação de mamíferos. Cários fósseis da Bacia de Taubaté	23,3
			Oligoceno	Surgimento dos primatas	35,4
			Eoceno	Expansão das aves	56,5
			Paleoceno	Irradiação dos mamíferos	65
	MESOZÓICO	Cretáceo		Extinção dos dinossauros, pterossauros e répteis marinhos	145,6
		Jurássico		Surgimento dos grandes dinossauros e aves	208
		Triássico		Surgimento dos dinossauros e mamíferos; separação da Pangea	245
	PALEOZÓICO	Permiano		Diversificação dos répteis e extinção de muitos invertebrados marinhos	290
		Carbonífero		Auge dos anfíbios e explosão de vida na terra	362,5
		Devoniano		Diversificação dos peixes e surgimento dos anfíbior e insetos	408,5
		Siluriano		Invasão das plantas e dos artrópodas no ambiente terrestre	439
		Ordoviciano		Surgimento dos peixes sem mandíbulas (Agnathas)	510
		Cambriano		Explosão de vida no mar; origem da maioria dos filos de animais	570
		PROTEROZÓICO		Origem dos primeiros seres fotossintetizantes e primeiros invertebrados	2500
		ARQUEOZÓICO		Origem da Terra; primeiros fósseis de procariontes	4600

Fonte: elaborado pelo autor

A escala de tempo geológico mostrado no Quadro 1 faz parte dos registros de rochas e fósseis datados radiometricamente. A Ordem dos nomes dos períodos geológicos foi amplamente estabelecida na Europa do século XIX. As idades absolutas obtidas confirmaram a sucessão relativa de idades estabelecidas com os registros fósseis.

A chamada "Explosão Cambriana" foi um aumento veloz da diversidade de animais ocorrida no período cambriano, há pouco mais de 500 milhões de anos. De acordo com os registros geológicos, grande parte dos geólogos aceita que a vida apareceu na Terra há aproximadamente três bilhões e 600 milhões de anos atrás. Os primeiros registros dessa explosão cambriana são constituídos por unicelulares bacterianos. Não existem registros de células sofisticadas, como por exemplo de eucariotas, até 1,8 bilhões de anos. As células eucariotas, também chamadas eucélulas, formam os organismos unicelulares (protistas, plantas e animais) mais comuns da Terra. São tipos celulares mais complexos que as procariotes, pois possuem membrana nuclear individualizada e vários tipos de organelas. Uma célula eucariótica possui verdadeiro núcleo, ou seja, possui um envoltório nuclear que protege o material genético, que contém um ou mais nucléolos.

Figura 9 – Célula eucariótica

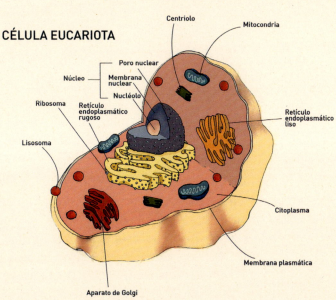

Fonte: ilustrado por Lucielli Trevizan

Figura 10 – Célula procarionte

CÉLULA PROCARIONTE

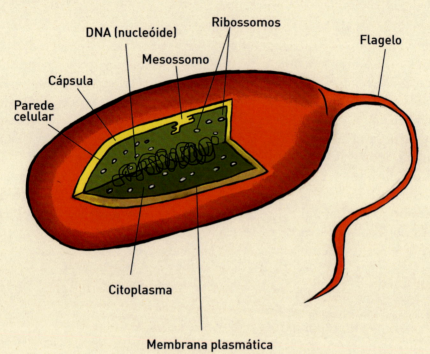

Fonte: ilustrado por Lucielli Trevizan

Transcorridos 300 milhões de anos, de acordo com os registros fósseis, apareceram os eucariotas multicelulares. Esse fato pode ter ocorrido até um pouco mais tarde. Em torno de 750 milhões de anos atrás, surgiram aproximadamente oito grupos diferentes de eucariotas multicelulares.

O período cambriano é datado como tendo iniciado há 540 a 543 milhões de anos atrás. Caracteriza-se pelo aumento rápido de animais que possuíam simetria bilateral. Naquela época, os primeiros fósseis, indubitavelmente de anelídeos, artrópodes, braquiópodes, equinodermos (estrela do mar, ouriço do mar), moluscos, onicóforos (vermes aveludados) e poríferas (esponjas) surgiram em rochas por toda a Terra. Os anelídeos são animais invertebrados com aspecto vermiforme, que possuem o corpo segmentado em anéis. O filo Anellida é grande e diversificado, possuindo cerca de 16.500

espécies (conhecidas até o momento). Braquiópode é um filo do reino Animalia constituído por animais solitários, exclusivamente marinhos e bentônicos. Apresentam corpo mole incluso numa carapaça composta por duas valvas, à semelhança com os moluscos bivalves, no entanto os dois grupos, ao mesmo tempo, são bastante distintos. Os artrópodes são um filo de animais invertebrados que possuem exoesqueleto rígido e vários pares de apêndices articulados, cujo número varia de acordo com a classe. Compõem o maior filo de animais existentes, representados por animais como os gafanhotos (insetos), as aranhas (aracnídeos), os caranguejos (crustáceos), as centopeias (quilópodes) e os piolhos-de-cobra (diplópodes). Têm cerca de um milhão de espécies descritas, e estima-se que os representantes desse filo equivalham a cerca de 84% de todas as espécies de animais conhecidas pelo homem. Sua existência é datada nos registros fósseis desde o período Cambriano (540 milhões de anos), no qual criaturas como os Trilobitas eram encontradas em abundância nos oceanos.

Figura 11 – Escorpião, um artrópode

Fonte: ilustrado por Lucielli Trevizan

Figura 12 – Trilobita fóssil

Fonte: arquivo pessoal do autor

Os paleontólogos e geólogos não sabem por que essa grande diversidade animal apareceu naquele período. Ao que tudo indica, essa explosão teria sido precedida por um aumento no nível de oxigênio nos oceanos. Esse aumento poderia ter sido uma das causas dessa explosão cambriana. Essa opinião não conta com a maioria dos pesquisadores.

A história da vida na Terra caracteriza-se pela presença de pequenas "explosões" de novas formas corporais, associadas a mudanças ecológicas. Para exemplificar o que foi dito, vale citar os mamíferos, após a extinção dos dinossauros. Entretanto a explosão cambriana é particularmente importante porque as diversas formas animais surgidas naquele período eram bastante diferentes entre si. Depois disso, nenhuma outra alteração de destaque (no que diz respeito à forma corporal dos animais) desenvolveu-se novamente.

Um intrigante "mistério" da paleontologia e da biologia é a explosão cambriana, como já foi dito. Alterações genéticas permitiram o aparecimento

Deus: as evidências - O reaparecimento do Sagrado

de novos tipos de corpos importantes. A explosão cambriana continua sem resposta até os dias atuais. A palavra "mistério" não é bem aceita no meio científico. Mas o mistério sobre a velocidade ou rapidez da explosão cambriana, que teria ocorrido em pouco mais de 40 milhões de anos, é um nó górdio da paleontologia.

A ideia de que há um "projeto" seguido pela natureza é conhecida por "Design Inteligente". Essa concepção não conta com a maioria dos investigadores. Há quem afirme que todo o processo evolutivo é decorrente da presença constante de Deus! "De acordo com esse ponto de vista é necessário buscar instantes específicos quando a ciência ainda não possui uma explicação do fenômeno" (FALK, 2018, p. 317-318).

REFERÊNCIAS

CARVALHO, Ismar de Souza. **Microfósseis Paleovertebrados**. São Paulo: Interciência, [s.d.].

FALK, Darrel F. **Dicionário de Cristianismo e Ciência**. Rio de Janeiro: Thomas Nelson, 2018. p. 317- 318.

XII

ELOS QUE FALTAM

*Que influência tem sobre a transformação, esta luta pela sobrevivência
que acabamos de descrever tão resumidamente ? O princípio da seleção,
que se nos apresenta tão poderoso entre as mãos do homem, aplica-se
ao estado selvagem ? Provavelmente que sim, e de uma maneira muito
eficiente. Lembremos o número ínfimo de pequenas variações, de
simples diferenças individuais que se apresentam nas nossas criações
domésticas e, num grau inferior, nas espécies em estado selvagem;
recordemos também a força das tendências hereditárias.*

(Charles Darwin)

*Sou uma Sombra! Venho de outras eras,
Do cosmopolitismo das moneras....
Polipo de recônditas reentrâncias,
Larva do caos telúrico, procedo
Da escuridão do cósmico segredo,
Da substância de todas as substâncias.*

(Augusto dos Anjos)

A pré-história, estudada pela antropologia, arqueologia e paleontologia, é o período da humanidade que antecede a invenção da escrita, caracterizando-se desde o começo dos tempos históricos registrados até aproximadamente 4.500 a.C. ou mais.

A palavra "homídeo" significa todo o conjunto de integrantes da família "hominidae", na qual estão incluídos os grandes símios, os seres humanos ou qualquer organismo que diga respeito a um hipotético ancestral comum mais antigo.

Nas suas pesquisas, os paleontólogos acharam uma vasta diversidade de fósseis de hominídeos no século XX, o que levou a numerosas afirmações no sentido de que a nossa própria espécie Homo Sapiens, seria oriunda de antigos ancestrais semelhantes aos símios. Mas os fósseis de hominídeos encaixam-se em um destes dois grupos: a) espécies semelhantes a humanos; b) espécies simiescas, com grandes hiatos sem ligações entre si. Certamente não há fósseis que comprovem a transição entre hominídeos ou homídeos simiescos e as espécies humanoides do gênero Homo.

A terminologia usada pela paleontologia é, muitas vezes, empregada de modo incoerente, fato que pode causar indefinições. Por exemplo, segundo Casey Luski (2012), o termo hominídeo também é frequentemente usado como sinônimo de "hominino", significando quaisquer organismos do ramo que incluam os humanos, remontando ao nosso suposto e hipotético ancestral comum com os chimpanzés.

Os registros fósseis dos hominídeos são pulverizados em muitos fragmentos, fato que dificulta a obtenção de certezas sobre a evolução das origens dos humanos. Assim, temos que destacar três aspectos:

1. Não se pode reconstruir com boa exatidão o comportamento, a morfologia interna e a inteligência de organismos extintos. Ao que tudo indica, a restauração de tipos antigos de seres humanos é um fato de pouco valor científico;

2. Fósseis de hominídeos são bastante raros e existem amplos intervalos de tempo para os quais, há poucos fósseis.

São raros os elementos que, de acordo com Lewotin (1995): "Quando consideramos o passado remoto, antes da origem da espécie atual Homo Sapiens, nos deparamos com um registro fóssil fragmentado e desconectado. Apesar das alegações animadoras e otimistas feitas por alguns paleontólogos, nenhuma espécie de hominídeo fóssil pode ser estabelecida como nosso ancestral direto".

3. Outra dificuldade é a natureza fragmentada das próprias espécies. Segundo Luski (2012): "A grande maioria das espécies de hominídeos consiste de alguns fragmentos ósseos, tornando difícil tirar conclusões definitivas sobre a sua morfologia, seu comportamento e seus relacionamentos".

A maioria dos fósseis de hominídeos são fragmentos de mandíbulas e pedaços de crânios, embora sirvam para embasar muitas especulações e descrições.

Os aspectos políticos da paleontologia reconhecem que os principais indícios científicos usados para que os cientistas possam edificar a história evolutiva dos hominídeos é insignificante, constituindo-se de um conjunto diminuto de fragmentos ósseos muito pequenos. Uma das implicações desse fato é a dificuldade em separar o que é pessoal do que pertence às disputas científicas. Essas evidências fósseis da evolução humana são abertas a muitas interpretações.

Iniciando a partir dos primeiros hominídeos, sabe-se que o gênero Homo não evoluiu de formas simiescas anteriores. Alguns pesquisadores, ou a maioria deles, admitem alguns relatos evolutivos das origens humanas. No entanto as opiniões sobre aspectos importantes desse processo indicam que essas narrativas padrões apresentam muitas questões científicas. Uma parte crucial da árvore evolutiva padrão apresenta uma ruptura clara nas evidências fósseis, falhando assim, ao indicar que os seres humanos evoluíram de primatas antigos.

Vejamos alguns dos supostos antigos hominídeos:

A. SAHELANTHROPUS TCHADENSIS

É uma espécie de hominínio descrita em 19 de julho de 2002 por Michel Brunet com base num crânio que pode ser o mais antigo da linhagem humana, de mais ou menos 7 milhões de anos. Pode ser a representação de um "elo perdido" que separou a linhagem humana da linhagem dos chimpanzés. Essa opinião não conta como apoio da maioria dos paleontólogos e antropólogos.

Figura 13 – Crânio fóssil do Sahelanthropus Tchadensis

Fonte: ilustrado por Lucielli Trevizan

B. ORRORIN TUGENENSIS

No Quênia, encontraram restos de uma criatura que teria vivido há 6 ou 7 milhões de anos e representaria, assim, o mais antigo hominídeo já identificado. Segundo seus descobridores, trata-se de uma nova espécie que recebeu o nome de Orrorin Tugenensis. Mas o achado vem sendo questionado por outros cientistas, para quem o Orrorin pertenceria a uma espécie completamente diferente, <u>sem nenhuma relação com a nossa</u>. Convém aguardar as próximas etapas dessa história. Portanto a ideia de que o Orrorin Tugenensis seja um velho ancestral simiesco do Homo, não conta com a opinião geral dos paleontólogos.

Figura 14 – Achados fósseis do Orrorin Tugenensis, constando de vários fragmentos de mandíbula, fêmur esquerdo, parte do direito, restos de dentes, parte do húmero e outros

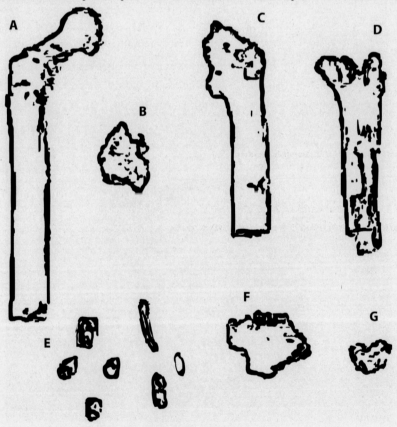

Fonte: ilustrado por Lucielli Trevizan

Figura 15 – Orrion Tugenensis

Fonte: ilustrado por Lucielli Trevizan

O grupo que encontrou esses fósseis em 2000 foi liderado por Martin Pickford, que diz que o Orrorin é claramente um hominídeo. Baseado nisso, ele data a separação entre hominídeos e outros grandes macacos africanos em aproximadamente 7 milhões de anos atrás. Outros fósseis encontrados nessas rochas mostram que o Orrorin viveu em um ambiente arbóreo, mas não na savana como dito por muitas teorias sobre evolução humana e, em particular, sobre as origens do bipedalismo, ou seja, andava apoiado nas duas pernas.

C. ARDIPITHECUS RAMIDUS

É uma espécie de hominídeo, provavelmente bípede, que pode ter sido um dos antepassados da espécie humana. "Ardi" significa solo, ramid raíz, em uma língua do lugar onde foram encontrados os restos (Etiópia), ainda que "pithecus" em grego signifique "macaco". O Ardipithecus Ramidus que existiu há 4,4 milhões de anos na Etiópia tinha uma capacidade craniana de 410 cm³, ou seja, três vezes menor que a do Homo sapiens.

Figura 16 – Crânio do Ardipithus Ramidus

Fonte: ilustrado por Lucielli Trevizan

Deus: as evidências - O reaparecimento do Sagrado

O *Ardipithecus Ramidus* (ou apenas "Ardi", como é carinhosamente chamado) foi descrito minuciosamente por uma equipe internacional de cientistas, que divulgou a descoberta em uma edição especial da revista Science. A opinião de que esses fósseis são de um primata do qual teria se originado o homem, não conta com o apoio da maioria dos antropólogos e paleontólogos.

Esse fóssil representaria um hominídeo bípede, segundo os pesquisadores. No entanto essa condição de bípede requer avaliações mais exatas sobre os ossos da pelve e fêmures. Embora muitos artigos referiam-se ao Ardi como possuidor de ossos calcáreos, despedaçados ao toque, o que implicaria em uma ampla reconstrução computacional.

Sobre a fragilidade dos achados fósseis de supostos hominídeos, disse Lemonicki e Dorfmann (2009): "A pele desses hominídeos parecia um ensopado de carne e vegetais". Estudos posteriores realizados por paleontólogos discordaram da "bipedalidade" de Ardi, não havendo, portanto, consenso desse ter sido um ancestral dos humanos.

Entre um e quatro milhões de anos atrás, viveu na África o hominídeo Australopithecus, curioso. Paleontólogos evolucionistas, em sua maioria, acreditam que esse hominídeo seria um ancestral do Homo que andava ereto, havendo grandes controvérsias sobre isso. Existem quatro espécies de Australopithecus: a) Bosei; b) Africanus; c) Afarensis; d) Robustus. Bosei e Robustus possuem ossos maiores, o que levou alguns cientistas a acreditar que se tratavam de uma categoria extinta.

D. LUCY (UM AUSTRALOPITHECUS AFARENSIS)

O conhecido registro fóssil de um hominídeos feminino conhecido por Lucy, teria vivido um pouco antes, sendo considerado um ancestral dos seres humanos (Homo).

Trata-se de uma jovem com aproximadamente 20 anos e 1 metro e 20 de altura, provavelmente morta por um crocodilo e que teria passado cerca de 3,2 milhões de anos sob as areias da Etiópia, até ser descoberta em 1974. Durante algum tempo, Lucy, essa Australopithecus Afarensis, foi tida como nossa Eva. Mais recentemente, uma equipe liderada pelo paleontólogo Yohannes Haile-Selassie, da Universidade da Califórnia, encontrou restos de indivíduos que viveram nessa mesma região da África, também há 3, 2 milhões de anos.

Os restos fósseis de Lucy representam apenas 40 % do seu esqueleto completo. Paleontólogos alegam que ela foi um hominídeo bípede, cujo crânio é semelhante ao dos chimpanzés, embora não seja um elo entre os humanos e os primatas.

Restos fósseis de um Autralopithecus Sediba levam a crer que se trataria de um ancestral do Homo. Australopithecus Sediba é uma espécie de hominídeo cujos restos conhecidos têm cerca de 1,977 milhão de anos de idade, com margem de erro de dois mil anos. No entanto fatos evolutivos que levem ao aparecimento do Homo ainda não foram definitivamente encontrados. Esses fatos evolutivos continuam sendo um enigma até os dias atuais.

Figura 17 – Australopithecus Sediba

Fonte: ilustrado por Lucielli Trevizan

Esquema 1 – Esquema ilustrativo da suposta evolução humana

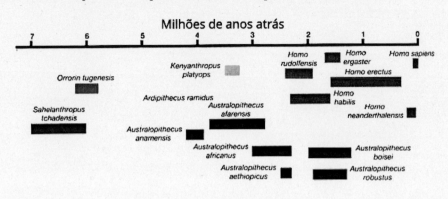

Fonte: autor desconhecido

Neste livro não foram citados todos os tipos humanos que se encontram no esquema acima.

As origens do gênero Homo continuam tão remotas e obscuras como antes foram. Assim, a procurada transição para o Homo continua algo bastante confuso. Os Australopithecus assemelham-se a primatas, enquanto o grupo Homo é semelhante aos humanos. Não há registros fósseis seguros de grupos que seriam os elos faltantes entre eles. Um fato importante aconteceu quando o Homo evoluiu, e não foi apenas quanto ao volume do cérebro. O detalhe importante foi o brusco aparecimento da estrutura corporal, sem precursores diretos na série de registros fósseis.

Caso os seres humanos tivessem evoluído partindo de formas simiescas, certamente haveriam fósseis intermediários, e estes não existem. Há alguns candidatos a essa série de intermediários, como o Homo Habilis, que teria existido por volta de dois milhões de anos atrás. Seria o tal elo de transição entre o Australopithecus e o gênero Homo, segundo os paleontólogos. Entretanto estudos posteriores revelaram que o Homo Habilis não pode ser esse elo, uma vez que desconsidera as mais antigas evidências fósseis do Homo autêntico, com aproximadamente dois milhões de anos.

Estudos paleontológicos dos ossos pélvicos sugere a existência de um período na evolução humana que teria ocorrido de forma muito rápida, correspondendo ao aparecimento do gênero Homo. De modo semelhante, cerca de dois milhões de anos atrás, o volume do cérebro do Homo foi literalmente duplicado. Deve ser assinalado aqui que o volume do cérebro não está relacionado à inteligência, não possuindo significado evolutivo.

Em uma Terra primitiva, em meio a mamutes e outros perigosos animais, como o ser humano surgiu? Houve alguma interferência externa que provocou isso? Caso sim, qual seria a natureza dessa interferência? Seria divina?

REFERÊNCIAS

GEE, Henry. **Return to the Planet of Apes**. Nature 412, p. 131-32, 2001.

GIBBONS, Ann. **In Search of the First Hominides**. Science 295: 1214-19. 2002.

GOULD, Stephen Jay.**The Pandas Thumb**: More Reflection in Natural History. New York: W.W. Norton, 1980.

LEMONICK, Michel; DORFMAN, Andrea (2009). Ardi is a New Piece for the Evolution Puzzle. **Times**, 1 out. 2009. Disponível em: http://contente.time.com/time/printout0,8816.1927289,00html.

LEWONTIN, Richard. **Human Diversity**. New York: Scientifc American Library, 1995.

LUSKI, Casey (2012). **Human Origens and the Fossil Record**. *In:* AXE, Douglas; GAUGER, Ann; LUSKIN, Casey. **Science and the Hunan Origem**. Seatle: Discovery Institute. *In:* **Dicionário de Cristianismo e Ciência**. 2018. Rio de Janeiro: Thomas Nelson, p. 338-345;

COMO APROXIMAR A CIÊNCIA DA RELIGIÃO[14]

> *A ciência e a religião cumprem papéis completamente diferentes e nenhuma delas deve ser julgada pelos padrões da outra. A linguagem científica é utilizada fundamentalmente para fins de prognósticos e controle.*
>
> *[...]*
>
> *As funções específicas da linguagem religiosa, de acordo com os analistas linguísticos, são as de recomendar um modo de vida, explicitar um conjunto de atitudes e estimular a adesão a determinados princípios morais.*
>
> (Ian G. Barbour)

As dificuldades de uma aproximação entre ciência e religião são muitas. Trata-se de um tema muito discutido nos dias atuais. Essas dificuldades são, em essência, de natureza epistemológica. O autor aponta o estudo da consciência como um possível terreno onde ciência e religião podem se dar as mãos, pois se trata de território comum a ambas. Estabelece linhas de pesquisas para o estudo da consciência, que implicam numa aproximação entre ciência e religião. Conclui propondo que essa aproximação pode se dar em pesquisas sobre a natureza da consciência, em um esforço para inclusão dessa no quadro da visão científica atual.

Basicamente, há dois tipos de explicações para o mundo: uma é aquela que decorre da interpretação científica e a outra é aquela que decorre dos mitos e da fé, ou seja, da religião. A ciência procura trilhar o caminho da interpretação do mundo por meio da razão e da experimentação, juntas ou não, enquanto as religiões interpretam o mundo por meio do chamado pensamento mágico, mítico. Mas tanto as religiões quanto a ciência são produtos da consciência humana.

---

[14] Palestra realizada por mim no II Encontro PSI em Curitiba em 24 de abril de 2004.

É possível uma aproximação entre ciência e religião? Essa pergunta inquieta vários filósofos e pensadores. É uma questão difícil de ser respondida, mas este capítulo pretende lançar uma pequena luz nesse dilema de natureza epistemológica.

Durante muito tempo religião e ciência conviveram de forma harmoniosa, sem conflitos. Desde a antiguidade até além do fim da Idade Média essa convivência foi pacífica. Os filósofos-cientistas gregos tomaram a maioria dos conceitos religiosos e os desenvolveram. Sabe-se, porém, que no período helenístico, Epicuro e seus seguidores recusaram as concepções religiosas gregas.

Foram os gregos que fizeram o pensamento humano no Ocidente caminhar da fase de interpretação mítica do mundo para uma interpretação racional. Foi a passagem do *mithos* para a *episteme* (SNELL, 1955).

Com o advento do cristianismo e a sua expansão para uma religião universal – o catolicismo – uma discussão começou a surgir de forma crescente entre ciência e religião, a partir do fim do Renascimento. Essa oposição se acentuou desde o conflito entre a Igreja e Galileu, no século XVII. A partir daí, o conflito entre ciência e religião no Ocidente foi se aprofundando. Os eclesiásticos que censuravam Galileu eram pensadores competentes, mas aristotélicos. É sabido que o pensamento de Aristóteles havia se tornado, por intermédio de Tomás de Aquino com a Suma Teológica, o pensamento dominante da Igreja. As ideias de Galileu tornavam obsoletas as ideias peripatéticas. Daí o conflito. Galileu defendia o heliocentrismo e a possibilidade de uma interpretação racional do mundo, com as equações da cinemática. Já a Igreja cristalizou-se na concepção geocêntrica e nas ideias de Aristóteles.

Com Descartes e Newton, ficou acertado a existência de um dualismo entre espírito e matéria como criações separadas e paralelas de Deus. O universo seria obra de Deus, uma máquina cósmica que caminhava segundo as leis por Ele estabelecidas e a ciência, seria a responsável pela interpretação das Suas leis prodigiosas.

Quando indagado por Napoleão sobre onde estava Deus no seu livro sobre a origem do sistema solar, Laplace, no século XVIII, respondeu que não teve necessidade de incluir essa hipótese. Isso foi um sinal de que as discrepâncias entre ciência e religião estavam cada vez mais fortes.

Deus: as evidências - O reaparecimento do Sagrado

Foi a partir da publicação, em 1859, do livro *A Origem das Espécies* de Charles Darwin, seguida de *A Descendência do Homem* que o conflito entre ciência e religião se tornou aberto, sendo aprofundado. De tal modo, esse conflito evidenciou que tudo parecia como se Deus, um hábil relojoeiro, tivesse dado corda no mecanismo do mundo e depois o tivesse abandonado à sua própria sorte. Um sentimento de que o mundo não necessitava de Deus começou a se tornar evidente a partir do século XIX. De tal sorte, esse conflito se tornou tão forte, que Deus passou a ser desnecessário para interpretar o mundo. Frederico Nietzsche, no seu livro *Gaia Ciência*, chegou a anunciar a morte de Deus (NIETZCHE, 1998, Seção 125).

O século XX se abriu com novos conceitos de matéria, espaço, tempo e quanta, destinados a fazer desaparecer o mecanicismo materialista da Física clássica. No início do século XX, a Society for Psychic Research propôs uma visão paradigmática do ser humano consubstanciada no monumental livro de Frederic W. H. Myers intitulado *Human Personality and Its Survival of Bodily Death*, publicado em 1903. Essa proposta chocou-se com o paradigma psicanalista, este passando a ser a visão preponderante. Myers propôs os conceitos de consciência subliminal e humana como um espetro semelhante ao eletromagnético, ideia que foi modernamente retomada por Ken Wilbert (WILBERT, 1977).

Uma vez que ciência e filosofia são espécies de conhecimento, não podem se separar uma da outra, pois são tipos de conhecimento caracterizados por graus de profundidade de reflexão. O filósofo Errol E. Harris (HARRIS, 1992, p. 15) diz que o mesmo tipo de raciocínio pode ser aplicado entre ciência e religião, pois ambas as áreas compartilham o mesmo conteúdo, embora difiram na forma, uma vez que buscam a verdade.

A ciência parece não ter conseguido libertar-se do seu conteúdo metafísico no qual se originou, pois ainda não definiu com acerto o que seja o entendimento dos seus objetos: matéria, tempo, espaço, energia, vida e consciência. Por outro lado, a religião nunca conseguiu libertar-se totalmente da crítica da razão sem cair no fanatismo e na superstição.

Sob a perspectiva da ciência, o ceticismo científico levado ao extremo aniquila a percepção do mistério profundo que há em tudo, apequena a percepção da beleza que existe no universo e, com isso, a vida se torna sem encantos, sendo marcada pelo pessimismo e pela depressão. Nessa mesma direção, podemos ver o que diz com certa amargura o físico, ganhador do

Prêmio Nobel de 1979, Steven Weinberg (1977, p. 148-9): "Quanto mais o universo parece compreensível, mais ele também parece sem sentido".

Stephen Hawkins (POLKINGHORNE, 2001, p. 106) consegue ver a própria imagem do pensamento de Deus na beleza racional e na transparência estética das equações que descrevem o mundo físico

O físico Albert Einstein, entrevistado pelo escritor James Murphy e pelo matemático John W. N. Sullivam, disse (JAMMER, 2000, p. 28): "Todas as especulações mais refinadas no campo de ciência provêm de um profundo sentimento religioso; sem esse sentimento, elas seriam infrutíferas".

Sobre a ordem que existe no universo, assim se expressou o físico Paul Davis (1984, p. 203):

> O próprio fato de que o universo é criativo, e que as leis têm permitido estruturas complexas emergirem e se desenvolverem a ponto de consciência – é para mim uma forte evidência de que há "alguma coisa acontecendo" por trás de tudo. A impressão de planejamento é impressionante.

A Parapsicologia, com mais de 100 anos de pesquisas, tem evidenciado que a consciência humana é muito mais que um epifenômeno da atividade neuroquímica cortical.

2. CIÊNCIA, RELIGIÃO E CONSCIÊNCIA

O que é a consciência e onde ela se localiza? O que é consciência em nós? Como a consciência dirige-se às coisas? Como a consciência se auto percebe? Há estados ou "níveis" de consciência? Pode a consciência existir sem um sistema nervoso? A consciência é contínua ou descontínua? Há correlação entre o cérebro e a consciência? Qual é a natureza da consciência?

Essas perguntas são de difícil resposta, pois tratam da consciência e suas relações com o mundo, um tema aberto e de vasta amplitude. De que modo deve ser estudada e quais são os métodos a ser usados no estudo da consciência, são questões embaraçosas não só à Física, à Biologia, à Psicologia e à Parapsicologia, mas para toda a ciência. Sobre as enormes dificuldades que o tema implica, assim se expressou George Wald (KAFATOS; KAFATOS, 1994, p. 232):

Deus: as evidências – O reaparecimento do Sagrado

> Como seria possível localizar um fenômeno que não se tem meios para identificar – nem sua presença nem sua ausência – nem qualquer outro parâmetro conhecido de espaço, tempo, transformação de energia, através da qual se pudesse caracterizar apenas sua ocorrência, sem mencionar seu conteúdo? A própria ideia de uma localização da consciência é absurda.

No contexto atual do conhecimento científico, há algumas respostas às perguntas sobre a consciência, tanto por parte das diversas escolas psicológicas e psicoanalíticas, quanto por parte das escolas filosóficas. Todas elas são hipóteses cujas características são, em certo sentido, a superficialidade e a parcialidade. Examiná-las em profundidade seria uma tarefa árdua, longe do escopo deste capítulo.

Em certo sentido, a consciência é muito fácil de ser percebida. Ela é algo que experimentamos diretamente durante a vigília e até mesmo durante o sonho, em um sentido diferente. Sabemos claramente quando estamos conscientes e percebemos também claramente o que seria a ausência da consciência quando dela despertamos. Sem dúvida, não sabemos defini-la. A respeito disso, John Dewey (RAO, 1991) escreveu: "A consciência não pode ser definida nem escrita". Quase 100 anos depois de Dewey, Stuart Sutherland (RAO, 1991, p. 10) em seu *Dictionairy of Psychology*, disse: "A consciência é um fascinante e evasivo fenômeno; é impossível de especificar o que é ou o que não é, ou porque evoluiu. Nada mais digno de atenção foi escrito sobre ela".

Para estudar a consciência, cérebros de primatas são monitorados. Estando seus crânios abertos, eletrodos foram introduzidos no córtex humano durante neurocirurgias. A Psicologia possui várias "teorias" sobre a consciência, mas essa continua sendo a fronteira ignorada da ciência. A Psicologia, segundo escreveram na revista *Nature*, V. S. Ramachandra e J. J. Smithies (RAMACHANDRA; SMITHIES, 2002, p. 54): "[...] tem se caracterizado por uma longa sequência constrangedora de 'teorias', cada qual sendo nada mais do que uma moda passageira que raramente sobrevive à pessoa que a propôs".

John Horgan, ex-editor da famosa revista Scientific Americam, falando sobre o tema da consciência, assim se expressou (HORGAN, 2002, p. 9): "Os cientistas que tentam explicar a mente humana poderiam ser esmagados pela colossal complexidade de seu tema".

Continua Horgan (HORGAN, 2002, p. 18):

> Tendo em vista suas míseras realizações (da ciência da mente) até o presente, receio que neurociência, psicologia e outros campos direcionados para a mente possam estar deparando com limites fundamentais da ciência. Os cientistas podem nunca ter êxito completo em curar, replicar ou explicar a mente humana. Nossa mente pode, em certa medida, permanecer para sempre indevassada.

Enclausurada em sua quase total impossibilidade de ser pesquisada cientificamente como pensa Horgan, a consciência humana parece estar relegada a ser explicada e estudada apenas pela religião, pela fé? Seria esta a maneira correta de colocar a questão?

A história da civilização tem mostrado que a fé não é onipotente e nem sempre benigna. A fé pode ser um tipo de terapia psicológica muito bem sucedida, mas também fomentou a ignorância e a arrogância. É preciso e imperioso reconhecer que os benefícios do conhecimento científico podem e devem ser aproximados dos benefícios da fé. Se apenas a fé e a religião fossem as únicas ferramentas capazes de nos fazer caminhar no terreno da complexidade da consciência humana, por que estudar a consciência cientificamente?

Como disse Horgan, estaria a consciência humana destinada a ser território indevassado pela ciência? Seria apenas a religião, a fé, o recurso que possibilitaria se compreender a consciência humana? Haveria meios de superar esse impasse da ciência? Seria possível um estudo seguro sobre a consciência?

A Parapsicologia, como a Psicologia estão se esforçando para lançar alguma luz ao entendimento sobre o que seja a consciência. Com mais de 100 anos de pesquisas meticulosas, combatida pelos céticos, muitas vezes ignorada pelas universidades e por pesquisadores temerosos de perder suas verbas de pesquisa, a Parapsicologia sofre de uma carência de verbas para realizar investigações, pois não produz formas de conhecimento capazes de afetar o modo de produção material de bens da sociedade. Genericamente falando, a maioria das verbas para a pesquisa procedem da indústria e dos governos. São as empresas e os governos quem definem o que se deve estudar, como, quando e porquê. Como pode a indústria financiar uma forma de conhecimento que não lhe oferece retorno? Como podem os governos aplicarem verbas em pesquisas Psi se estão quase todos falidos e sobrecarregados com o financiamento dos seus programas sociais? Os progressos da Parapsicologia são devidos ao financiamento de particulares.

Deus: as evidências - O reaparecimento do Sagrado

Se não fosse assim, creio eu, a Parapsicologia estaria no seu fim ou envolta em muitas dificuldades.

Nós, seres humanos atuais, possuímos uma grande ambiguidade: pessoalmente, como indivíduos isolados, queremos saber respostas sobre quem somos, de onde viemos e para onde vamos, se temos um self imortal e outras questões pertinentes ao campo das religiões. Por outro lado, como seres sociais, queremos o aumento do Produto Interno Bruto, o crescimento da Economia, das riquezas e dos níveis de bem estar de modo crescente. Assim, somos bifrontes como o deus Jano. A primeira questão é muito antiga, oriunda de uma instância superior bastante complexa, talvez um arquétipo. A segunda é de natureza cultural. Faz parte das raízes iluministas da cultura ocidental. Foi no período do Iluminismo que surgiu a falsa ideia de que a felicidade humana está no aumento do conforto e das riquezas. Essa herança está materializada nos dias atuais como uma crença.

Além das Neurociências, da Psicologia da Psiquiatria e da Parapsicologia, a Mecânica Quântica, no que se refere ao problema da medida, também passou a estudar a consciência. É o colapso da função de onda, quando a consciência faz a escolha. Von Neumann foi um dos pioneiros nesse estudo (VON NEUMANN, 1955). Propriedades tais como a "não--localidade", que ocorre com partículas subatômicas de um singleto que interagem seus spins, ocorre, também, ao que parece, com a consciência (GRINBERG-ZYLBERBAUM, DELAFLOR, ATTIE, GOSWAMI, 1994).

Onde podem ser encontrados textos religiosos muito importantes sobre a consciência é no hinduísmo e no budismo, principalmente. Nos Yoga Sutras de Patânjali, pode-se encontrar versos muito profundos sobre o que se poderia chamar de psicologia religiosa. Patanjali, no Livro I dos seus Yoga Sutras, estuda os estados modificados de consciência que o Yoga conhece por Samadhi. Além disso, classifica e chega a descrever cada um deles (TAIMNE,1996, p. 99-105). Textos sagrados do hinduísmo muito respeitados, conhecidos por Upanishads, falam sobre o Absoluto e nossa identidade com Ele. Dizem que há uma instância superior nas regiões mais profundas da consciência humana denominada Atman que é idêntica ao Absoluto Brahman. O Atman estaria fora das limitações de espaço e tempo. A Aytareya Upanishad diz que a base da realidade é a consciência e que esta é o Absoluto Brahman (NIKHYLANANDA, 1975, p. 38-39). A Svetasvatara Upanishad diz que se pode conhecer o Absoluto por meio da meditação (NIKHILANANDA, 1990, p. 88). A Mandukya Upanishad fala nos seus curtos 12 versos sobre os quatro estados fundamentais da consciência: vigilia (Vaishvanara); sonho (Taijasa); sono sem sonho (Prajna) e um quarto estado, superior, chamado Turya (RADHAKRISHNA, 1994, p. 695-705).

No budismo tibetano há textos sobre como lidar com a consciência fora do corpo (BARDO THODOL, 1980). Há muita coisa importante sobre a consciência na literatura sagrada da Índia, em especial do budismo e hinduísmo. O mesmo se pode dizer do sufismo e de outras religiões.

Recentemente, Andrew Newberg conseguiu fotografar o cérebro humano com um tomógrafo quando se vivencia o estado de Samadhi. Havia diferenças marcantes entre o cérebro em estado de repouso e o mesmo cérebro em Samadhi (NEWBERG, 2002, p. 1-10). Eugene d'Daquile chegou a propor um termo para a nova ciência que estudaria as modificações biológicas provocadas pelas experiências religiosas: neuroteologia (D'DAQUILE& NEWBERG, 1999, p. 5).

Tem a religião ligações com a consciência? A resposta é sim. Na base de toda religião estão as experiências religiosas. Sem essas experiências não existiria a ou as religiões. Além disso, as experiências religiosas estão baseadas no transe, nas modificações da consciência. Portanto, a consciência está profundamente associada à religião. Vejo no estudo da consciência uma região onde a ciência e a religião podem se aproximar e a Parapsicologia tem muito o que ver com tudo isto. Esse é o ponto mais importante a se considerar sobre a possibilidade de uma aproximação entre ciência e religião.

3. A AUSÊNCIA DA CONSCIÊNCIA E A FRAGMENTAÇÃO DO SABER

Dois problemas importantes inquietam filósofos e pensadores atuais: a fragmentação do saber e a ausência da consciência no quadro da nossa visão do mundo construída pela ciência.

Filósofos e pensadores de muitas áreas manifestam preocupação com a fragmentação do saber provocado pela super especialização. Sabe-se cada vez mais sobre cada vez menos. O conhecimento se fragmenta em muitas áreas e subáreas. Atualmente, diz Feuerstein (FEUERSTEIN, 2001, p. xx), mais de 7.000 papers são publicados diariamente só em língua inglesa. Seria possível pensar no retorno à visão unitária do conhecimento? Seria

Deus: as evidências – O reaparecimento do Sagrado

possível imaginar um meio que pudesse deter e reverter esse processo de fragmentação do conhecimento, da perda da visão unitária?

Acredito que está no estudo da consciência a possibilidade desse retorno. Para estudar a consciência teríamos que realizar um esforço hercúleo, onde todas as áreas do saber seriam convocadas. Para estudar a consciência, estudos interdisciplinares devem ser feitos, onde a Física, a Matemática, a Psicologia, a Biologia, a Parapsicologia e a religião seriam convocadas. Creio que está no estudo da consciência a possibilidade concreta de retorno à unidade do conhecimento.

4. DEFINIÇÕES DE LINHAS DE PESQUISAS PARA O ESTUDO DA CONSCIÊNCIA COM IMPLICAÇÕES NA APROXIMAÇÃO ENTRE CIÊNCIA E RELIGIÃO

Consideramos possível o estabelecimento de linhas de pesquisa para se estudar a consciência cientificamente, apesar do pouco que sabemos sobre ela. A realização dessas pesquisas certamente levaria a uma aproximação entre ciência e religião. É certo dizer que uma maior compreensão do que seja a consciência é algo muito importante para a ciência e para a religião. Assim, sugerimos as seguintes linhas de ação para que a ciência aproxime-se da religião:

4.1 INTERAÇÃO PSICOBIOFÍSICA

A aquisição anômala de informações, seja sobre acontecimentos do mundo físico ou sobre conteúdos afetivos ou cognitivos de outras pessoas, seja envolvendo fatos passados, presentes ou futuros, sem relação de causa e efeito com fatos presentes (ESP), assim como a obtenção de efeitos diretos da intenção sobre sistemas físicos (PK), como tem sido evidenciado pela Parapsicologia, indicam a possibilidade da existência de propriedades e capacidades da consciência humana que não podem ser atribuídas ao sistema nervoso central e às suas atividades neuroquímicas. Já foi postulada a possibilidade de se estar diante de uma nova forma de interação desconhecida, que passaremos a denominar de "Interação Psicobiofísica" para tomar emprestada uma expressão muito conhecida de Hernani Guimarães Andrade (TINOCO, 1997). Essa interação seria um ponto de união entre o mundo físico e a consciência.

Qual seria a natureza dessa interação? Não sabemos responder isso por enquanto. De um modo geral, nenhuma forma de interação está completamente explicada. Não sabemos essencialmente, o que sejam as interações da Física. Dizer, por exemplo, que a gravitação decorre de deformações do espaço-tempo, coloca-nos frente a outro dilema: o que é o espaço-tempo capaz de sofrer curvaturas? Sabemos como as interações funcionam, mas não sabemos o que elas são.

Taylor e Balanovsky (LAWDEN, 1982, p. 345) realizaram um exaustivo estudo sobre as várias possibilidades de se explicar a Psi por meio das interações ou campos conhecidos pelas teorias da Física atual, demonstrando que há poucas possibilidades de que isso seja exequível. Lawden sugere que a interação presente na correlação dos spins das partículas do singleto no fenômeno EPR poderia ser da mesma natureza que aquela que agora chamamos de Psicobiofísica. A Psi é a parte da mente capaz de gerar os fenômenos paranormais ou anômalos.

Indicamos como fatos que sugerem a existência da interação Psicobiofísica, os seguintes:

1. a Psicocinesia, espontânea (recorrente) ou provocada;

2. a ESP sob seus diferentes aspectos;

3. as correlações entre aumento de vigilância e incrementos dos níveis de acerto em testes Psi controlados. A meditação yóguica parece aumentar as habilidades Psi; a atenção cultivada durante a meditação é um aspecto ativo e voluntário da consciência, capaz de estabelecer "canais" por onde fluem fenômenos anômalos, ao que parece. É o que sugere Rao (1993, p. 83-100);

4. a Mecânica Quântica concorda, segundo a escola de Copenhague que, no nível subatômico, um observador consciente altera com o ato de observação o fato observado. Mas a Mecânica Quântica evita falar em interação presente nesse fato;

5. as tradições chinesa e indiana falam de "energias sutis" existentes nos meridianos da acupuntura e nas nadis e chakras do Yoga, capazes de realizar alterações na saúde e na fisiologia humana, indicando a possível presença da interação Psicobiofísica, servindo de interface entre a consciência e o corpo humano. Sobre isso convém lembrar os trabalhos controvertidos de Brenio Onetto Bachler e Hiroshi Motoyama, propondo correlações entre a "energia Psi" e a "energia Ki" (MOTOYAMA;

Deus: as evidências - O reaparecimento do Sagrado

BACHLER, 1991) e trabalhos mais atuais de parapsicólogos chineses e japoneses, na mesma linha de ação (*Journal of International Society of Life Information Science*, 2001).

Postular a existência de uma interação associada à Psi capaz de atuar no mundo físico e/ou na consciência não é nova na investigação Psi. Lodge e as "ondulações no éter", Cyrill Burt e os "campos parapsíquicos", Andrade o "campo biomagnético" (1971), William Roll e o "campo psi" (1968), Wasserman (1961) e outros, são exemplos disso. Não estamos sugerindo novidades.

Místicos, metafísicos, sensitivos, as tradições chinesa e indiana e a investigação Psi sugerem a introdução de uma nova interação presente na visão geral do mundo. Com a atual Teoria das Supercordas, a Física espera chegar ao sonho de Einstein: a Teoria do Campo Unificado. As interações fracas e eletromagnéticas já estão unificadas. Apenas a consciência permanece excluída desse esforço de unificação das interações fundamentais da Física e da ciência de um modo geral.

Não basta postular a existência da interação Psicobiofísica, como outros fizeram. É necessário apontar orientações experimentais que possam lhe servir de suporte. Desse modo, sugerimos as seguintes linhas de investigação sobre a postulada interação Psicobiofísica:

1. A declinação da vigilância parece ser semelhante às declinações de Psi em testes controlados. Feedback e/ou conhecimento dos resultados incrementam a vigilância, podendo aumentar habilidades Psi em testes de Percepção Extra Sensorial (ESP). É possível executar projetos em Parapsicologia, correlacionando incremento da vigilância com aumento dos níveis de acerto em testes de ESP e PK (Psicocinesia);

2. Replicação do trabalho de Grinberg-Zylberbaum (GRINBERG-ZYL-BERBAUN; DELAFLOR; ATTIE; GOSWAMI, 1994), sobre a "não localidade" da consciência;

3. Correlações entre a Psi e o campo eletromagnético: pessoas em testes de ESP seriam submetidas a campos eletromagnéticos de frequência controlada ou campos estáticos, verificando se esses fatos incrementam ou variam os níveis de acerto;

4. Experiências de DMILS (Ação Direta da Consciência sobre Sistemas Vivos), fazendo-se uso de unicelulares, plantas ou tecidos animais (RADIN, 2003);

5. Com o uso de Geradores de Eventos Aleatórios realizar testes sobre interações anômalas com partículas subatômicas, ampliando a linha de investigação de Helmut Schmidt (1970) e Dean Radin (2008);

6. Interação entre a Psi e o campo geomagnético, replicando experiências de Michel A. Persing (PERSING; SCHAUT, 1988);

7. Replicar os estudos de Dean Radin (RADIN, 1997) sobre o chamado "Campo da Consciência".

4.2 TESTES PSI EM PACIENTES SOB EFEITO DE TRANSES PROVOCADOS

Os transes podem ser espontâneos ou provocados. No caso dos transes provocados podem ocorrer ESP, principalmente, por hipnose e por consumo de substâncias conhecidas por enteógenos. O uso de bebidas enteógenas tem sido adotado por xamãs, curadores e religiosos de várias representações, sendo um fato milenar e universal. É necessário que as bebidas enteógenas sejam pesquisadas cientificamente em detalhes e não apenas usadas em rituais religiosos, em seções de cura, ou para provocar aumento das habilidades Psi, como por exemplo, de acordo com Walch (1993, p. 157-290), em práticas xamânicas tais como localizar caça abundante, objetos perdidos, pessoas desaparecidas etc. Enteógenos estão na própria base da maioria das experiências religiosas.

Dentre as bebidas enteógenas mais conhecidas e usadas para fins religiosos e para a cura, podem ser destacadas as seguintes:

1. **Soma:** dos 1.028 hinos do Rig Veda (GRIFFITH, 1991), aproxima- damente 120 são dedicados à Soma, uma bebida ritual usada pelos sacerdotes da antiga Índia Védica. Era uma bebida que provocava modificação na consciência. Vários são os hinos védicos antigos, escri- tos em forma de versos (Gaiatry), dedicados aos deuses do panteão do antigo brahmanismo;

2. **Peyote:** cacto cujo principal composto ativo é a mescalina, sendo usado pelos Astecas desde o ano 300 a. C. Atualmente é usado por índios norte americanos e mexicanos. Um exemplo disso, muito conhecido, é o caso do antropólogo Carlos Castaneda e seu orientador, o índio Don Juan;

3. **Ololiuque:** variedade da semente das Ipoméia;

Deus: as evidências - O reaparecimento do Sagrado

4. **Teonanacatil:** significa "carne dos deuses", é um tipo de cogumelo mexicano usado também pelos astecas;

5. **Amanita Muscari:** bebida secular, usada por xamãs siberianos;

6. **Rape Cohoba:** feito de sementes pulverizadas de Piptadênia;

7. **Vinho de Jurumens:** feito das sementes de Mimosa Hostilis;

8. **Ayuasca:** feita do chá das plantas Banisteriopis Caapi e Psicotria Viridis, conhecidas pelos nomes populares de Mariri e Chacrona, respectivamente. Seus principais princípios ativos são a harmina e a harmalina. É uma bebida usada em seitas religiosas brasileiras conhecidas por "Santo Daime" e "União do Vegetal". Também usadas por xamãs amazônicos. Provavelmente de origem incaica. No Brasil, o Conselho Nacional de Entorpecentes liberou o uso da Ayuasca apenas em círculos fechados;

9. **Ópio:** tipo de cigarro extraído da amapoula, muito usado na Ásia e principalmente na China. Causa dependência e síndrome de abstinência;

10. **Ácido Lisérgico:** substância produzida industrialmente de forma pioneira pelo Sandoz Pharmaceutical Laboratories, da Basileia, na década de 1950.

Há outros enteógenos. Citamos, aqui, apenas os mais conhecidos.

É importante que a sociedade moderna tenha abertura para a investigação dos enteógenos que não causam dependência. Passaremos a chamá-los de "enteógenos benévolos". Corroída pelas drogas alucinogênicas que causam dependência com graves síndromes de abstinência, a sociedade contemporânea, por meio dos seus aparelhos repressores, combatem fortemente todas as substâncias psicoativas. Os enteógenos benignos estão sendo condenados e arrolados na mesma classificação de "drogas" que causam efeitos malévolos. Não seria essa a postura correta. Os enteógenos benévolos que não causam dependência devem ser pesquisados e não perseguidos e combatidos. Terence McKenna considera os enteógenos benévolos como "os instrumentos mais poderosos que se pode conceber para o estudo da mente" (McKENNA, 1995, p. 313-314). Ainda, McKenna considera o transe desses enteógenos como a origem das religiões, dizendo que eles foram uma espécie de aceleradores da consciência humana. O romancista Aldous Huxley (HUXLEY, 1965, p. 12-13) disse que a mescalina amplia significativamente a percepção das cores, e considerava a experiência psicodélica como uma "graça gratuita". Importante destaque deve ser dado ao fato do uso terapêutico que Stanislav Grof faz dos enteógenos benévolos, em seções de psicoterapia (GROF, 2000). O autor, em conversa particular com Grof, obteve dele a informação de que o transe religioso provocado por enteógenos é do mesmo tipo que aqueles provocados de forma espontânea ou pela prática da meditação.

Os transes das experiências religiosas onde normalmente eclodem fatos Psi podem, além dos enteógenos benévolos, ser provocados por jejum, meditação, danças místicas, relações sexuais e vários outros modos. Os seguintes testes podem ser feitos no sentido de aproximar religião e ciência:

4.2.1 TRANSE PROVOCADO E PSI

4.2.1.1

Os testes Psi podem ser feitos, por exemplo, com um grupo de 12 pessoas, sendo que apenas seis delas bebem enteógenos benévolos. Todos devem saber, antecipadamente, dos passos da investigação, por razões éticas. O teste pode ser do tipo "duplo cego". Finalmente, são comparadas as experiências dos dois grupos e são feitas correlações estatísticas. Deve ser aqui assinalado que o autor deste livro realizou testes controlados de clarividência com pacientes sob o efeito da Ayuasca, sem nenhum incremento da Psi (TINOCO, 1994);

4.2.1.2

Testes com pacientes sob efeito de enteógenos benévolos, observando o estabelecimento de categorias psicólógicas que definam mais claramente um espectro de estados de consciência compreendendo as experiências místicas em um extremo do espectro;

4.2.1.3

Testes Psi Ganzfeld podem ser feitos com pessoas (receptores) que não recebem a indução Ganzfeld. Ao invés disso, durante o período de relaxamento elas passariam por uma experiência de Yoga Nidra. Essa técnica, criada por Swami Satyananda Sarasvaty (SATYANANDA, 1980), essencialmente é uma técnica de Raja Yoga. Com isso, estaríamos aproxi-

Deus: as evidências – O reaparecimento do Sagrado

mando uma técnica do hinduísmo, ou, mais especificamente, do Raja Yoga com uma técnica da Parapsicologia moderna.

4.2.2 TRANSES ESPONTÂNEOS

Incluímos, aqui, todos os fatos anômalos decorrentes de transes espontâneos. Podem envolver ou não a Psi.

4.3 CASOS QUE SUGEREM A SOBREVIVÊNCIA DA PERSONALIDADE APÓS A MORTE

4.3.1

Estudo de casos que sugerem a reencarnação, sob os seus diversos modos:

- Lembranças em crianças;

- Lembranças em adultos;

- Informações dadas em sessões "mediúnicas";

- Marcas de nascimento associadas à lembrança de uma outra vida;

- Lembranças de outras vidas provocadas por traumas.

4.3.2 ESTUDOS DE CASOS DE EXPERIÊNCIAS DE QUASE MORTE (NEAR DEATH EXPERIENCE);

4.3.3

Estudo de Experiência Fora do Corpo (OBE). Não se sabe se os casos de OBE são experiências psicológicas ou se "algo" sai do corpo. Linhas de pesquisa nessa área podem ser desenvolvidas. Em qualquer das duas situações, o fenômeno da OBE com ou sem saída do corpo pode lançar algum esclarecimento sobre a questão de presença de um self, como dizem as religiões.

4.3.4 ESTUDO DOS FENÔMENOS CONHECIDOS POR "APARIÇÕES";

4.3.5

Estudo do fenômeno conhecido por "Visões no Leito de Morte", cujos estudos pioneiros foram iniciados por pelo físico William Barret no século XIX;

4.3.6

Estudo dos transes conhecidos por mediúnicos, em que estaria implicada a possibilidade da sobrevivência. Destaca-se, em especial:

- Casos de "Drop In";

- Correspondências Cruzadas.

4.4 COLAPSO DA FUNÇÃO DE ONDA

As questões sobre a natureza da realidade e da consciência são de grande interesse para as religiões e para a ciência. Especial destaque deve ser dada à questão do problema da medida em Mecânica Quântica, o colapso da função de onda. Essa área de pesquisa seria muito importante para um melhor entendimento sobre a natureza da realidade e da consciência, e sobre a correlação entre ambas. Nesse ponto, a Física e a Parapsicologia podem contribuir para uma aproximação entre ciência e religião.

5. CONCLUSÕES

Para concluir este capítulo, procuraremos responder a duas perguntas:

1. Pode a pesquisa científica contribuir para uma aproximação entre Ciência e Religião?

Provavelmente, a Parapsicologia tem, nesse aspecto um relevante papel a desempenhar, com tudo o que já fez, faz e poderá fazer no futuro, se passar a se engajar em estudos interdisciplinares. A Parapsicologia não poderá enfrentar sozinha o gigantesco problema de compreender nem a consciência, nem o esforço de inclui-la na percepção científica da realidade.

Deus: as evidências - O reaparecimento do Sagrado

Essas são questões limítrofes da ciência e da religião. A Parapsicologia tem um papel a desempenhar exatamente nesta interface: ciência e religião. Para tanto, basta se engajar em projetos de pesquisa cujas linhas foram resumidamente expostas anteriormente.

2. Qual o futuro da Parapsicologia?

Se quiser sobreviver e ser mais respeitada como ciência, a Parapsicologia deverá se engajar em três caminhos: a) contribuir para marcar a presença da consciência na realidade; b) investigar a consciência, aproximando-se e baseando-se nos textos religiosos primários que tratam dela, contribuindo para um encontro entre ciência e religião; c) tentar elaborar formas de conhecimento que tenham utilidade social. Basicamente, o futuro da Parapsicologia está na interdisciplinaridade e na descoberta de formas de conhecimento úteis à sociedade.

É no estudo científico sobre a consciência que poderá se dar o início do retorno à visão unitária do saber. A Parapsicologia tem muito a ver com isso.

É tornando seus resultados mais próximos das necessidades sociais que a Parapsicologia encontrará um porto seguro, e não realizando apenas estudos cada vez mais sofisticados e complexos, inacessíveis às necessidades da coletividade. Esse é um caminho e ser seguido pela Parapsicologia.

É trabalhando em pesquisas que se baseiem em textos primários religiosos que a Parapsicologia poderá contribuir para uma aproximação entre a ciência e a religião. É o que espera o autor deste livro, juntamente aos outros que atuam na mesma linha de pensamento.

6. REFERÊNCIA[15]

DAVIS, Paul. **The cosmic blueprint**. London: Routledge e Kegan Paul, 1987.

D'AQUILE, Eugene; NEWBERG, Andrew. **The mystical mind**. Mineapolis: Fortress Press, 1999.

FEUERSTEIN, Georg. **In the search and cradle of civilization**. Wheaton, Theosophical Publishing House, p. xx, 2001. Preface.

GRIFFTH, Ralph T. H. **The hymns of Rigveda**. Delhi: Motilal Banarsidas Publishers, 1991.

---

[15] Este artigo foi escrito em 2008. As Referências Bibliográficas estão desatualizadas, assim como a nomenclatura. Mas as ideias gerais são bastante atuais

GRINBERG-ZYLBERBAUM, J.; DELAFLOR, J. M.; ATTIE, L.; GOSWAMI, A. Einstein-Poldosky-Rosen paradox in human brain: The transferred potencial. **Physics Essays**, v. 7, p. 422-428, 1994.

GROF, Stanislav. **Psychology of the future**. Albany: State University Press, 2000.

HARRIS, Errol E. **Cosmos e theos (Cosmos and theos, 1992)**. Lisboa: Instituto Piaget, 2001 [1998].

HORGAN, John. **A mente desconhecida**. São Paulo: Companhia das Letras, 2002. p. 9.

HUXLEY, Aldous. **As portas de percepção**. Rio de Janeiro: Civilização Brasileira, 1965. p. 13-14.

JAMMER, Max. **Einstein e a religião**. Rio de janeiro: Contraponto, 2000.

JOURNAL OF INTERNATIONAL SOCIETY OF LIFE INFORMATION SCIENCE, v. 19, n. 2, sep. 2001.

KAFATOS, Menas; KAFATOU, Thalia. **Consciência e cosmo**. Brasília: Teosófica, 1994.

McKENNA, Terence. **O alimento dos deuses**. Rio de Janeiro: Record, 1995. p. 313-314.

MOTOYAMA, Hiroshi; BACHLER, Brenio Onetto. ESP Hability, chakras and meridians. *In:* **The correlation between psi energy and ki**. Tokyo: Human Science Press, 1991. p. 33, 42.

NEWBERG, Andrew. **Why God won't go away?** New York: Ballantine Books, 2002.

NIETZCHE, Frederico. **A gaia ciência (Die frohliche wissenschaft)**. Rio de Janeiro: Ediouro, 1998.

NIKHILANANDA, Swami. The Upanishads. **Ramakrisna** – Vivekananda Center, Aitareya Upanishad, II, 1, 3, New York, v. 3, p. 39, 1975.

NIKHILANANDA, Swami. The Upanishads. **Svetasvatara Upanishad**, II, 2, v. 2, p. 88, 1990.

PARNIA, San. **O que Acontece Quando Morremos**. São Paulo: Larousse do Brasil, 2008.

PERSING, M. A.; SCHAUT, G. B. **Geomagnetic factors in subjetive telepathic, precognitive and postmortem experiences.** JASPR 82, 1988. p. 217-235.

POLKINGHORNE, John. **Além da ciência (Beyond science, 1996).** Bauru: Edusc, 2001.

RADIN, Dean. **The conscious universe.** San Francisco: Harper Edge, 1997.

RADIN. Dean. Possible effects of healing intention on cells culture and truly random events. *In:* **Proceedings of The Parapsychologycal Association;** 46ª Annual Convention, 2003, p.162, 183.

RADIN, Dean. **Mentes Interligadas.** São Paulo: Aleph, 2008.

RADHAKRISHNA, S. **The Principal Upanishad.** New Jersey, Humanities Press, Mandukya Upanishad, p. 695-705, 1994.

RAMACHANDRA, V. S.; SMITHIES, J. J. *In:* HORGAN, John. **A mente desconhecida.** São Paulo: Cia das Letras, 2002.

RAO, K. Ramakrishna. Consciousness research and psi. **Journal of Parapsychology,** v. 55, p. 1-44, 1991.

RAO, K. Ramakrishna (ed.).**Cultivating Consciousness.** Westport/Connecticut/London: Praeger, 1993. p. 83-100.

SAMDUP, Lama Kasi Dawa. **O livro tibetano dos mortos (Bardo Thodol).** São Paulo: Hemus, 1980.

SATYANANDA, Paramahansa. **Yoga Nidra** – Relaxamento físico, mental, emocional. Brasília: Thesaurus, [1980?].

SCMIDT, Helmut. PK experiment with repeated, time displaced feedback. *In:* MORRIS, J. D.; ROLL, W. G.; MORRIS, R. L. (ed.). **Reseach in Parapsychology,** 1975, p. 107-09, Metuchen, NJ; Scarecrow Press, 1976.

SNELL, Bruno. **Die entdeckung des geistes.** Hamburgo: Claasen Verlag GmbM, 1955.

TAIMNE, I. K. **The science of Yoga.** Madras, The theosophical publishig house, I-42-51, 1986.

TINOCO, Carlos Alberto. Teste de ESP em pacientes sob o efeito da Ayuasca. **Revista Brasileira de Parapsicologia,** n. 4, 1994.

TINOCO, Carlos Alberto. **Interação Psicobiofísica-Diretrizes de Pesquisa**. Anuário Brasileiro de Parapsicologia. Instituto Pernambucano de Pesquisas Psicobiofísicas, 1997. p. 9-30.

VON NEUMANN, J. **The mathematical foundation of quantum mechanics**. Princeton: Princeton University Press, 1955.

WALSH, Roger. **O espírito do shamanismo**. São Paulo: Saraiva, 1993. p. 157-290.

WEINBERB, Steven. **The first three minutes**. London: André Deutsch, 1977.

WILBERT, Ken. **The spectrum of consciousness**. Wheaton: Theosophical Publishing House, 1977.

XIV

CONCLUSÕES

Hás dois tipos de pessoas: as que têm medo de perder Deus e as que têm
medo de O encontrar
(*Blaise Pascal*)

Jeovah, Yahveh, Adonay, Brahmâm, Tupã, Thor, Zeus, Júpiter, Alah, Abba, Ahura Mazda, Oxalá, Y'e pá, Amon, Manitú, Pai que está no céu e muitos outros nomes foram dados ao Ser Supremo por todos os povos, culturas e civilizações. Se Deus não existe, como explicar esse "delírio", essa "esquizofrenia" mundial? Estariam todos esses povos e nações enganados? "Eu não Te procuraria se Tu não existisse", é o que é cabível afirmar.

Será que a raça humana teria algum gene ou genes que responderiam pela busca do sagrado? A busca por Deus é apenas uma questão genética? Ou será que essa procura profunda, constante, persistente é um delírio coletivo inexplicável? Como e porque existe essa procura, desde tempos imemoriais? Estaria a raça humana destinada irremediavelmente à loucura coletiva?

Certamente, essa instância interrogativa é algo mais profundo do que se possa supor. Ela deriva da prolongada experiência do Divino. Desde a mais remota antiguidade, o ser humano viveu, e ainda vive, experiências místicas, hoje estudadas por cientistas em quase todo o mundo. Testes rigorosos feitos com tomógrafos envolvendo voluntários que estão vivenciando esse tipo de experiência têm demonstrado que há modificações registradas no córtex cerebral desses voluntários no momento do transe místico.

O Dr. Andrew Newberg, da Universidade da Pensilvânia, estudou o cérebro de pacientes em estado de profundo transe místico. Ele estudou casos de freiras em orações profundas e budistas em estado de samadhî, comparando as fotos em estado de repouso com aquelas em estado de êxtase místicos, mostrado na figura abaixo.

A imagem do cérebro à esquerda foi registrada quando o indivíduo se encontrava desperto. Ela mostra uma atividade relativamente igual em todas as partes do cérebro, indicada pelas áreas em vermelho. A imagem à direita foi registrada quando o indivíduo encontrava-se em meditação profunda. Ela mostra uma redução da atividade em um dos lobos temporais (indicado, abaixo, pela coloração amarela bem mais viva, à direita), sugerindo um embaçamento da linha que define o eu em um momento de intensa espiritualidade.

Figura 18 – Tomógrafo mostrando o cérebro de voluntários em repouso e em êxtase profundo

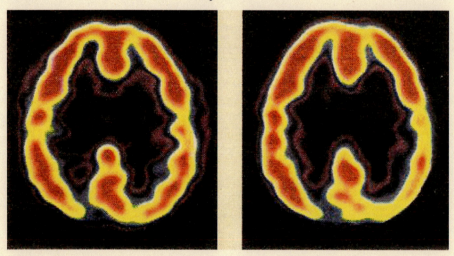

Fonte: Seleções de Reader's Digest. Artigo "Em Busca do Divino" de Vince Rause, p. 52

A Figura 18 indica que a atividade neuroquímica do córtex cerebral foi alterada pela experiência mística. Portanto a "experiência de Deus pode ser fotografada". Trata-se de um fato universal. Logo a experiência de Deus não é um delírio!

Este autor construiu, com o auxílio de um técnico em eletrônica, um capacete que aplicava campos magnéticos de baixa intensidade no lobos temporais de voluntários, em que alguns deles relataram experiências místicas. Em outras palavras, o autor replicou, em parte, os testes do Dr. Michael Persinger, da Laurentian University, no Canadá.[16]

---

[16] Os interessados nessa pesquisa devem procurar o livro: TINOCO, Carlos Alberto. **Bases Neufisiológicas das Experiências Místicas**. Limeira: Editora do Conhecimento, 2017.

Deus: as evidências – O reaparecimento do Sagrado

Com o avanço acelerado da ciência, principalmente nos séculos XIX e XX, o materialismo e o ateísmo ocuparam lugar de destaque na sociedade. Nessa época, ocorreu o desenvolvimento da Física, da Biologia Molecular, da Astrofísica, da Paleontologia e de todas as áreas científicas do saber. Tudo passou a ser explicado, medido, quantificado, avaliado pela ciência. O sagrado foi, lentamente, desaparecendo da sociedade e sendo substituído pelo laicismo e pelo materialismo. A sociedade foi secularizada, o sagrado quase desapareceu. Antes disso, o ser humano tinha uma alma que ia para o Céu. Hoje, não temos alma e estamos destinados à morte, ao nada. Nascemos e morremos sem Deus!

O filósofo Friedrich Wilhelm Nietzshe, declarou que Deus está morto! Sobre isso, ele disse:

> Para onde Deus foi? – bradou –Vou lhes dizer! Nós o matamos, vós e eu! Nós todos, nós somos os seus assassinos! Mas como fizemos isso? Quem nos deu a esponja para apagar o horizonte? Que fizemos quando desprendemos a corrente que ligava esta terra ao sol? Para onde vai agora? Para onde vamos nós? Longe de todos os sóis? Não estaremos caindo incessantemente? Para frente, para trás, para o lado, para todos os lados? Haverá ainda um acima, um abaixo? Não erramos como através de um nada infinito? Não sentiremos na face o sopro do vazio? Não fará mais frio? Não surgem noites, cada vez mais noites? Não será preciso acender as lanternas pela manhã? Não escutamos os ruído dos coveiros que enterram Deus? Não sentimos nada da decomposição divina? Os deuses também se decompõem! Deus morreu! Deus continua morto! E nós o matamos! Como nos consolaremos, nós, os assassinos dos assassinos? (NIETZSHE, s/d, p. 103-104).

Essas são palavras terríveis! Palavras de desespero pelo desaparecimento do sagrado. Atualmente, na época da vitória esmagadora da ciência e da tecnologia, podemos indagar se ainda existe algum sentido falar sobre a criação. Ainda há sentido falar em Deus? Ainda é cabível falar sobre o sagrado? A minha resposta é um sonoro sim!

Não somos máquinas destinadas à morte. Somos seres humanos e, por isso, temos um destino glorioso! Estamos destinados à felicidade, ao amor, à glória divina. A vida é um mistério profundo, mágico, insondável. A sensação de estar rodeado pelo mistério é sentir a presença de Deus em tudo. Ele está na ordem da natureza, na precisão matemática do Cosmo, na gravidez das fêmeas, na maternidade, na paternidade, no parto, na experiência mística.

Lembro muito bem de uma cena que se passou em um consultório médico na cidade de Fortaleza, capital do estado do Ceará. Eu estava de férias e fui passar alguns dias com a minha mãe naquela cidade. Minha esposa estava sentido muito enjoou, mal estar. Levei-a a um ginecologista e, no próprio consultório, foi feita um ultrassom de abdômen. Eu estava presente. Vi na tela do equipamento um pequeno ponto insignificante na hora do exame, e escutei o médico declarar que a minha esposa estava grávida de poucas semanas. A imagem revelou um "botão gestacional", um pontinho! Naquele instante, percebi que se tratava do meu filho que estava a caminho. Percebi também que aquele pontinho era um ser humano, destinado a amar, sofrer, rir e chorar. Ao perceber isso, tive uma experiência mística! Naquela época eu estava lendo o livro de poesias místicas *Gitanjali*, do poeta indiano Rabindranath Tagore. Foi um momento de encontro com o sagrado. Nunca vou me esquecer daquele momento. O mesmo senti na hora do parto, nove meses depois.

No Ocidente, os teólogos e filósofos são incapazes de comentar sobre as leis de Deus ou sobre o próprio Deus. Dessa forma, surgiu a dicotomia teologia e ciência. Para solucionar esse conflito, vários teólogos e filósofos aceitaram mudar suas doutrinas, amoldando-as aos dados científicos, numa atitude de submissão à ciência. As melhores mentes ocidentais têm vergonha de se posicionar em favor da existência de Deus. Bertrand Russell, um filósofo de segunda linha, afirmava que a "vida é um curioso acidente na água estagnada" (1961, p. 222). Outros também disseram a mesma coisa, com palavras diferentes. Muitos deles continuam pensando que o nosso aparecimento na Terra foi um fato meramente acidental, um resultado aleatório.

Como disse Ivan Karamazóv, no romance de Dostoievski *Os Irmãos Karamazóv*, "Se a alma é mortal e Deus não existe, tudo é permitido".

Destituído de uma sistemática teológica, a ciência materialista mudou-se do mundo divino para o materialismo grosseiro, deixando-se conduzir pela superficialidade da ética relativista e da linguagem inconclusiva.

Espero que, com o passar dos tempos, o ser humano reencontre seu verdadeiro lugar no Universo, reencontrando-se com o sagrado.

Deus: as evidências - O reaparecimento do Sagrado

Sobre a necessidade imperiosa do retorno ao sagrado e ao amor, vale aqui lembrar nas palavras de São Paulo, que se converteu ao cristianismo às portas de Damasco:

Ainda que eu falasse as línguas dos homens e dos anjos, e não tivesse Amor, seria como o metal que soa ou como o sino que tine. E ainda que tivesse o dom da profecia, e conhecesse todos os mistérios e toda a ciência, e ainda que tivesse toda a fé, de maneira tal que transportasse os montes, e não tivesse Amor, nada seria. E ainda que distribuísse toda a minha fortuna para sustento dos pobres, e ainda que entregasse o meu corpo para ser queimado, se não tivesse Amor, nada disso me aproveitaria. O Amor é paciente, é benigno; o Amor não é invejoso, não trata com leviandade, não se ensoberbece, não se porta com indecência, não busca os seus interesses, não se irrita, não suspeita mal, não folga com a injustiça, mas folga com a verdade. Tudo tolera, tudo crê, tudo espera e tudo suporta. O Amor nunca falha. Havendo profecias, serão aniquiladas; havendo línguas, cessarão; havendo ciência, desaparecerá; porque, em parte conhecemos, e em parte profetizamos; mas quando vier o que é perfeito, então o que é em parte será aniquilado. Quando eu era menino, falava como menino, sentia como menino, discorria como menino, mas, logo que cheguei a ser homem, acabei com as coisas de menino. Porque agora vemos por espelho em enigma, mas então veremos face a face; agora conheço em parte, mas então conhecerei como também sou conhecido. Agora, pois, permanecem a fé, a esperança e o amor, estes três; mas o maior destes é o Amor. (Coríntios I, 13)

Quem ama é paciente e bondoso.

Quem ama não é ciumento, nem orgulhoso, nem vaidoso.

Quem ama não é grosseiro nem egoísta; não fica irritado, nem guarda mágoas.

Quem ama não se alegra com o erro, mas goza com a honestidade.

Quem ama nunca desiste, porém suporta tudo com fé, esperança e paciência.

(Paulo, Coríntios 13.1-7)

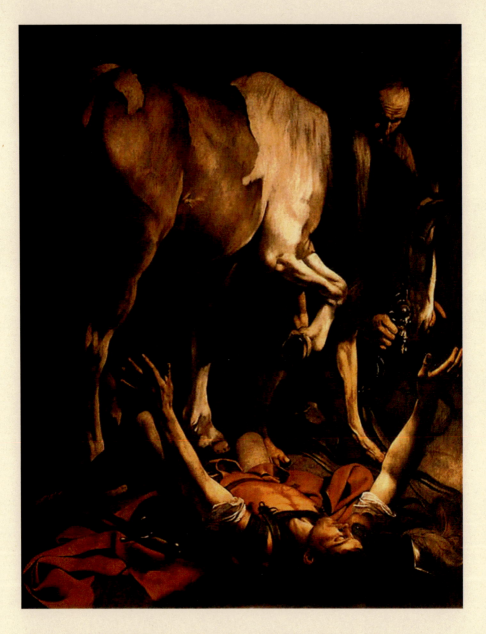

Conversão de Paulo de Tarso no Caminho para Damasco. Pintura de Caravaggio, encontrada na Igreja de Santa Maria del Popolo, em Roma[17]

---

[17] https://post-it.sdpjsantarem.com/reflexao/rezar-com-a-arte-a-conversao-de-s-paulo/

REFERÊNCIAS

ALTEMEYER JUNIOR, Fernando. **Silhuestas de Deus**. Petrópolis: Vozes, 2019.

NIETZSCHE, F. W. **A Gaia Ciência**. Rio de janeiro: Ediouro, [s.d.]. p. 103-104.

RUSSELL, Bertrand. **Religion and Science**. London: Oxford University Press, 1961. p. 222.

TAGORE, Rabindranath. **Gitanjali**. Rio de Janeiro: Livraria José Olympio, 1948.